니까야 독송집

니까야 독송집

1판 1쇄 발행 2018. 5. 11.
1판 3쇄 발행 2021. 11. 1.

지은이 비구 법일

발행인 고세규
편집 김철호 | **디자인** 지은혜
발행처 김영사

등록 1979년 5월 17일(제406-2003-036호)
주소 경기도 파주시 문발로 197(문발동) 우편번호 10881
전화 마케팅부 031)955-3100, 편집부 031)955-3200 | **팩스** 031)955-3111

저작권자 ⓒ 비구 법일, 2018
이 책은 저작권법에 의해 보호를 받는 저작물이므로 저자와 출판사의 허락 없이
내용의 일부를 인용하거나 발췌하는 것을 금합니다.

값은 뒤표지에 있습니다.
ISBN 978-89-349-8153-4 02200

홈페이지 www.gimmyoung.com   **블로그** blog.naver.com/gybook
인스타그램 instagram.com/gimmyoung   **이메일** bestbook@gimmyoung.com

좋은 독자가 좋은 책을 만듭니다.
김영사는 독자 여러분의 의견에 항상 귀 기울이고 있습니다.

이 도서의 국립중앙도서관 출판시도서목록(CIP)은 서지정보유통지원시스템 홈페이지
(http://seoji.nl.go.kr)와 국가자료공동목록시스템(http://www.nl.go.kr/kolisnet)에서
이용하실 수 있습니다. (CIP제어번호: CIP2018012425)

니까야
독송집

비구 범일

如是我讀

김영사

머리말

석가모니 부처님의 금구설법인 사부 니까야를 배워갈수록 필자는 세존의 가르침과 현실불교 사이의 괴리감이 점점 깊어지고 무거워짐을 느꼈다. 오랜 역사성을 담보한 전통과 많은 사찰에서 통용되는 보편성을 담보한 관습으로 무장한 현실불교에서 세존의 가르침으로부터 격리되고 괴리된 면들은 세존의 가르침과 병행할 수 없을 뿐만 아니라 세존의 가르침을 혼란스럽게 하고 무너뜨리고 사라지게 한다. 아무리 오랜 전통이라 하더라도, 아무리 예외 없이 모든 사찰에서 통용되는 관습이라 하더라도, 세존의 가르침과 병행할 수 없거나 세존의 가르침을 혼란스럽게 하거나 세존의 가르침을 무너뜨리고 사라지게 하는 것이라면 아낌없이 내팽개쳐 버려야 하는 것일 뿐이다. 세존의 바른 가르침을 몰랐을 때에는 설령 몰라서 그렇다고 하더라도, 이제는 세존의 바른 가르침을 알 수 있고 배울 수 있으므로 이러한 그릇된 전통과 관습에서 벗어나 세존의 가르침에 따라 사견을 여의고 정견을 갖추는 바른 불제자로 태어나야 하며, 외도를 벗어나 여덟 가지 정도를 닦는 바른 범행자로 태어나야 하며, 바른 불제자와 바른 범행자가 바른 계를 지키면서 만족한 일상생활 속에서 화합하는 적절한 범행처로 태어나야 한다. 이러할 때 석가모니 부처님 재세 시 성립하였던 불교 즉 불설불교佛說佛敎, Nikāya Buddhism를 정립正立할 수 있다. 누구든지 비불설불교非佛說佛敎를 버리고 불설불교를 따르면 아라한과를 성취한 장로 비구(니)들처럼 세존을 따라 열반으로 나아갈 수 있다.

그러나 남방이든 북방이든 현실불교에서 버려야 할 전통과 관습에서 완전히 벗어나 오로지 세존의 가르침을 의지처로 삼고 망망대해 중의 섬으로 삼고 어둠 속의 등불로 삼는 것은 바라는 것처럼 녹록하지 않다. 그것은 출가자의 생계와 사원의 존립과 승가의 계승이 이러한 전통과 관습에 연관되어 있기 때문이다. 예를 들면 전통적으로 관습적으로 매일 행하는 예불의식을 비롯한 다양한 의례들이 그것이다. 비록 생계를 위하여 출가하지 않았다는 출가양심과, 사원의 존립과 승가의 계승을 위하여 출가하지 않았다는 출가정신을 회복하여 열의를 가지고 이러한 의례들을 세존의 가르침에 따라 정립하고자 하더라도 그것은 쉽지 않고 어려운 일이다. 이러한 의례들을 집대성한 규범집이나 법요집은 그 양이 방대할 뿐만 아니라, 어떤 의례들은 그 자체가 세존의 가르침에 어긋나기 때문이다. 그러나 세존의 가르침 중에서 독송이나 합송하기에 적절하면서 내용 또한 다양한 의례에 용이하게 사용할 수 있는 게송이나 주제를 모아서 이러한 의례들을 세존의 가르침에 따라 정립할 때 요긴하게 사용할 수 있다면 그것은 쉽지 않고 어려운 일에서 어렵지 않고 쉬운 일이 된다. 이것이 본서를 출간하게 된 동기이다.

필자는 《수트라》(김영사, 2014)의 초고를 바탕으로 한 일련의 강의가 끝난 직후부터 수년 동안 지속해온 맛지마 니까야를 중심으로 한 사부 니까야 강독에서 발췌한 게송과 주제를 본서에 게재하였다. 따라야 하는 스승과 떠나야 하는 스승, 바르게 공부하는 방법과 그렇지 않은 방법, 머물러야 하는 도량과 떠나야 하는 도량, 가까이하여야 하는 도반과 멀리하여야 하는 도반 등을 분별하는 명료한 가르침을 포함하여 진정한 출가수행자에 대한 가르침 등은 세존의 제자로서 참으로 수지 독송하지 않을 수 없다. 육식에 관한 논란을 종식시킬 수 있는 가르침인 '허용하지 않는 육식과 허용하는 육식' 그리고 마음에 품어 골똘하게 새기지 말아야 할 법을 마음에 품어 골똘하게 새길 때 없던 번뇌가 생기고 있던 번뇌가 증장하게 되는 법들에 화두가 포함될 수 있다는 가르침인 '정견으로 단속하고 없애는 번뇌'는 우리가 얼마나 세존의 가르침으로부터 멀리 떨어져 있었는지를 실감하게 한다. 본서를 수지 독송함으로써 세존의 가르침에 합류하여 비불설불교와 불설불교를 분별하는 안목을 기를 뿐만 아니라 사부 니까야를 일목요연하게 정리한 《수트라》의 전체 내용을 범행차제에 따라 쉽게 떠올릴 수 있었으면 하는 것이 본서를 출간하게 된 또 다른 동기이다.

일부 게송과 주제는 본서에 합당하게 윤문하였으며, '참회하오니' '보호하소서' '도반이여' '영가를 위한 기도'는 세존의 가르침에 기반을 두고 세존의 가르침을 따라 필자가 작성하였고, '불자들이여, 세존의 법을 설하라'는 세존께서 비구들에게 명하신 전법을 그대로 재가불자들에게 적용한 것이다. '예경과 귀의'와 '선법계 수지'는 예경의례와 수계의례를, '참회하오니'는 의례에 필요한 참회문을, '보호하소서'와 '두려움과 공포로부터의 보호'는 발원문을, 그리고 '영가를 위한 기도'는 영가법문을 염두에 두고 작성하였다. 본서를 먼저 접하는 독자라면 본서를 통하여 《수트라》에 더욱 친근하게 접근할 수 있기를 기대한다.

  사부 니까야를 우리말로 번역한 초기불전원의 각묵 스님과 대림 스님, 그리고 한국빠알리성전협회의 전재성 박사께 깊이 감사드린다. 이분들의 역경이 없었다면 필자는 세존의 가르침을 배울 수 없었을 뿐만 아니라 본서는 세상에 나올 수도 없었다. 또한 사부 니까야 강독에 동참하여주신 분들께 깊이 감사드리며 특히 김영사의 임직원분들께 깊이 감사드린다.

2018년 5월

비구 범일 삼가 씀

차
례

1부 /
귀를 기울이는 청법의 길

1 참회하오니 · 15
2 예경과 귀의 · 21
3 세존께 설법을 간청하오니 · 26
4 베풂과 보시 · 35
5 사랑과 미움 · 42
6 네 종류의 사람 · 49
7 보호하소서 · 62

2부 /
홀로 가는 전법의 길

8 바른 스승과 그릇된 스승 · 69
9 바른 학습과 그릇된 학습 · 75
10 적절한 도량과 부적절한 도량 · 79
10.1 선법계 수지 · 84
10.2 바른 말 · 87
11 좋은 도반과 저열한 도반 · 91
11.1 도반이여 · 95
12 바른 수호와 그릇된 수호 · 101
13 불자들이여, 세존의 법을 설하라 · 109

3부 /
영원한 고향 열반의 길

14 진정한 비구(니) · 119
15 쇠퇴하는 법과 쇠퇴하지 않는 법 · 128
16 감각의 대문 · 131
17 몸에 대한 사띠의 확립 · 136
18 화합하는 법 · 144
19 정견을 실천하는 자의 지혜 · 146
20 오온을 버려라 · 155

부록

21 두려움과 공포로부터의 보호 · 165
22 허용하지 않는 육식과 허용하는 육식 · 170
23 정견으로 단속하고 없애는 번뇌 · 174
24 네 가지 이익 · 179
25 영가를 위한 기도 · 185

如是我讀

1부
귀를 기울이는 청법의 길

귀를 가진 자
귀를 기울이어라
심오하고
수승하고
미묘한
이 법을
귀를 기울이는 자
그들에게
설하리라
이제
그들에게
불사不死의 문은 열리었다
귀를 가진 자
귀를 기울이어라[1]

1
참회하오니

젊음이 다하면 늙고
건강이 다하면 병들고
목숨이 다하면 죽기 마련.
젊었거나 늙었거나
건강하거나 병들었거나
부유하거나 가난하거나
사람이면 누구나
태어나면 죽기 마련.
늙고 병들고 죽는 것에서
자유로운 자 아무도 없습니다.

이제
가진 것 아무리 많아도
모두 두고 빈 주머니로 떠나야 하며
사랑하는 이들 아무리 많아도
모두 두고 홀로 떠나야 하며
할 일이 아무리 많아도
모두 두고 빈손으로 떠나야 합니다.

마치 한낮의 그림자가
몸을 따르듯이
사람이 죽을 때
따르는 것은
한평생
몸으로 지은 좋은 행위나 나쁜 행위
입으로 지은 좋은 말이나 나쁜 말
마음으로 지은 좋은 생각이나 나쁜 생각
좋은 행위·말·생각은
선법善法이라 선업善業을 짓게 되고
나쁜 행위·말·생각은
악법惡法이라 악업惡業을 짓게 되니

자신이 스스로
자신의 몸과 입과 마음으로 지은
선업과 악업으로부터
벗어나지 못한 자
선업이 많으면
마음이 깃털처럼 가벼워
좋은 곳 [善處]에 태어나고
악업이 많으면
마음이 돌덩이처럼 무거워
나쁜 곳 [惡處]에 태어납니다.

어리석고 게을러
선업은 티끌처럼 작고
악업은 태산처럼 크니
이러한 상태로
내생을 맞이할 수는 없습니다.

시작도 끝도 알 수 없는
윤회의 고리 속에서
무수한 과거 생으로부터

이생까지
어리석게도
참으로
어리석게도
몸으로 지은 나쁜 행위와
입으로 지은 나쁜 말과
마음으로 지은 나쁜 생각들
이 모든 나의 악업으로 말미암아
고통과 괴로움과 슬픔을 겪고
상처를 받고 해를 입은
자식, 형제자매, 부모님
일가친지, 스승님
그리고
친구와 동료,
모든 지인들과 존재들에게
머리 숙여 두 손 모아
진심으로
참회하고
참회합니다.

또한
시작도 끝도 알 수 없는
윤회의 고리 속에서
무수한 과거 생으로부터
이생까지
나에게
상처를 주고 해를 끼치고
고통과 괴로움과 슬픔을 겪게 한
모든 이들을
머리 숙여 두 손 모아
진심으로
용서하고
용서합니다.

이후로는
또다시
참회할 일 없도록
악업을 멀리 여의고
선업을 증장하며
부처님의 바른 가르침에

의지하고 귀의하여
향상向上으로
나아가겠습니다.

2
예경과 귀의

무명을 벗어나
바르게 깨달은 분 부처님께서
세상에 출현하셔서
어두운 이 세상에
심오하고 수승하고 미묘한
불사不死의 법을 굴리시니,
이는
귀 기울이는
많은 이들의 이상을 위하고
많은 이들의 이익을 위하고

많은 이들의 행복을 위하고
신과 세상의
이상과 이익과 행복을 위한 것이라.[2]

이와 같이 세상에 출현하신 분
석가모니 부처님께서는
① 번뇌 다하여 윤회를 벗어나신 분이며
② 위없이 깨달아 구경의 경지에 이르신 분이며
③ 구경의 지혜와 청정 범행을 구족하신 분이며
④ 열반으로 잘 나아가신 분이며
⑤ 이 세상 모든 것을 잘 아시는 분이며
⑥ 견줄 이 없이 거룩하신 분이며
⑦ 모든 중생들을 잘 다스리시는 분이며
⑧ 하늘과 인간 세상의 스승이신 분이며
⑨ 바르게 깨달아 마땅히 예배 받으실 분이며
⑩ 세상에서 위없는 존경을 받으시는 분입니다.[3]

이와 같은 분 세존께
정성 다해 두 손 모아 예경 올리며
귀의합니다.

○○○은/는 위없이 거룩한 세존께 귀의합니다.(3)

이와 같은 분 세존께서는
① 위없는 진리를 스스로 깨달아 최상의 지혜로 설하시며
② 최상의 지혜를 실현하고 드러내도록 설하시며
③ 시작도 훌륭하고 중간도 훌륭하고 끝도 훌륭하게 법을 설하시며
④ 의미와 표현을 잘 갖추어 설하시며
⑤ 누구나 직접 와서 들으면 스스로 알 수 있도록 설하시며
⑥ 이렇게 알 수 있을 때까지 시간이 걸리지 않도록 설하시며
⑦ 향상으로 인도하도록 설하시며
⑧ 지자 知者들이 각자 스스로 알아갈 수 있도록 설하시며
⑨ 설한 대로 실천하시고 실천한 대로 설하시며
⑩ 누구든지 직접 와서 보고 들을 수 있도록 설하십니다.[4]

이렇게 설한 법과 드러난 청정범행을 보고 듣고 배운 사람은 부처님의 가르침을 바르게 이해하면서 부처님의 가르침에 대하여 신뢰와 믿음이 생기게 됩니다. 이러한 신뢰와 믿음을 구족하여 신실한 마음으로 '나는 세존의 가르침인 바른 법에 귀의합니다' 하고 세상에 선언하고 세존의 가르침인 바른 법에

귀의합니다.

○○○은/는 세존의 가르침인 바른 법에 귀의합니다.(3)

이와 같이 세존과 세존의 가르침인 바른 법에 귀의하고 세존을 스승으로 출가한 세존의 비구(니)제자들의 모임인 승가는
① 세존의 법에 따라 청정범행을 잘 닦으며
② 세존의 율에 따라 청정범행을 바르게 닦으며
③ 열반을 향하여 참되게 청정범행을 닦으며
④ 진리의 성취에 합당하게 청정범행을 닦으니,
   이와 같이 청정범행을 닦는 승가에는
⑤ 사향사과四向四果를 성취한 사쌍팔배四雙八輩가 있으며,
   이와 같이 청정범행을 닦는 사쌍팔배가 있는 승가는
⑥ 악업 여의는 공양 받아 마땅한 승가이며
⑦ 선업 짓는 희사 받아 마땅한 승가이며
⑧ 공덕 짓는 보시 받아 마땅한 승가이며
⑨ 공경하는 합장 받아 마땅한 승가이니,
   이러한 승가는
⑩ 세상의 위없는 복밭〔福田〕입니다.[5]

이와 같은 승가에 대하여 신뢰와 믿음을 구족하여 신실한 마음으로 '나는 세존의 비구(니)제자들의 모임인 승가에 귀의합니다' 하고 세상에 선언하고 세존의 비구(니)제자들의 모임인 승가에 귀의합니다.

○○○은/는 세존의 비구(니)제자들의 모임인 승가에 귀의합니다.(3)

3
세존께 설법을 간청하오니

I

여래가 증득한 이 법은
심오하여
보기 어렵고 깨닫기 어렵고
수승하여
사유의 영역을 넘어섰고
미묘하여
오로지 현자들만이 알아볼 수 있나니.
그러나 세상 사람들은

집착을 좋아하고
집착을 기뻐하고
집착을 즐기니,
이러한 사람들이
이 법을 보기는 어렵나니.
연과 인에 의하여 과가 생겨나는 연기
모든 형성된 것들의 가라앉음
모든 재생의 근거를 완전히 놓아버림
갈애의 소멸
탐욕의 빛바램
번뇌의 소멸
위없는 성스러운 경지인 열반
이러한 법들을
그들이 보기는 어렵나니.
설혹 여래가
이러한 법들을 가르친다 하더라도
그들이 이 법을 이해하지 못한다면
그것은 의미 없는 일이 되고
부질없는 일이 될 뿐이라.

세상 사람들에게
이와 같이
어렵게 증득할 수 있는
이 법을
과연 설할 필요가 있을까?
탐욕과 성냄과 어리석음으로
가득한
세상 사람들이
이 법을
증득하기란 실로 어렵나니.
이 법은
세상의 흐름을 거스르고
심오하고
수승하고
미묘하여
보기 어렵나니.
어둠의 무더기에 덮여 있는
어리석은 자들
탐욕에 물든 자들
성냄에 빠진 자들

결코
이 법을
보지 못하리니.

II

세존께서
법을 설하기보다는
무관심으로 기울 때
사함빠띠 범천은
'세존이시고 아라한이신 정등각자께서
법을 설하기보다는
무관심으로 마음을 기울이신다면
세상은 망할 것이고 파멸할 것이다' 생각하여
세존께 나아가 합장공경하고 간청하니,

세존이시여,
세존께서는 법을 설하소서.
선서께서는 법을 설하소서.

먼지가 적게 낀 중생들이 있습니다.
그들은 법을 듣지 않으면
타락할 것입니다.
먼지가 적게 낀 중생들 중에
법을 이해할 만한 자들이 있을 것입니다.
그들에게 법을 설하소서.

세존이시여,
때 묻은 자들이 궁리해낸
청정하지 못한 법이
이전에 인간 세상에 나타났습니다.
세존이시여,
청정한 법을 설하여
불사不死의 문을 여소서.
때 없는 분께서 깨달으신
청정한 이 법을
이해할 만한 중생들로 하여금
듣게 하소서.

마치 바위산 꼭대기에 서면

주변의 사람들을 두루 볼 수 있듯이
현자시여,
그와 같이 법으로 충만한 궁전에 오르소서.
모든 것을 볼 수 있는 눈을
지닌 분이시여,
괴로움을 제거한 분께서는
괴로움에 빠져 있고
태어남과 죽음에 압도된 저들을
굽어 살피소서.

일어서소서,
영웅이시여,
전쟁에서 승리하신 분이시여,
대상隊商의 지도자시여,
빚 없는 분이시여,
세상을 유행하소서.
법을 이해할 만한 자들이 있을 것이오니
그들에게 법을 설하소서.

III

여래는
범천의 간청을 충분히 알고
중생에 대한 연민으로
세상을 두루 살펴보았나니,
세상의 중생들 가운데는
때가 엷게 낀 이도 있고
두텁게 낀 이도 있고
육근의 기능이 예리한 이도 있고
둔한 이도 있고
자질이 선량한 이도 있고
불량한 이도 있고
가르치기 쉬운 이도 있고
어려운 이도 있으며
세상과 세상의 오염에 대해
두려움을 보며 지내는 이도 있고
그렇지 않은 이도 있나니.
이것은 마치
어떤 청련이나 홍련이나 백련은

물속에서 생겨나 물속에서 자라서
물속에 잠겨 물속에서만 머물고,
어떤 청련이나 홍련이나 백련은
물속에서 생겨나 물속에서 자라서
물 표면까지 나와 물 표면에 머물며,
어떤 청련이나 홍련이나 백련은
물속에서 생겨나 물속에서 자라서
물 위로 올라와
당당하게 서서
물에 젖지 않는 것과 같나니.

이제
그들에게
불사의 문은 열리었다.
귀 있는 자는
귀를 기울이어라.
범천이여,
심오하고 수승하고 미묘한
이 법을
그들에게 설하리라.

귀를 기울이는 자들에게
설하리라.

이에 사함빠띠 범천은
'세존께서 이 법을 설하리라 하셨다.
세존께서 나의 간청을 들어주셨도다.' 생각하여
세존께 합장공경하고 물러났나니.[6]

4
베풂과 보시

I

집에
큰 불이 나 맹렬하게 타오를 때
집 바깥으로
속히 재물을 끄집어낸다면
그 재물은
주인에게 큰 도움이 되지만
집 바깥으로
속히 재물을 끄집어내지 못하면

그 재물은 타버려
주인에게 아무런 도움이 되지 않으리니.

몸에
늙음과 죽음의 불이 맹렬하게 타오를 때
몸으로 지킨 재물은
분실하기도 하고
홍수나 화재로 잃어버리기도 하고
도둑맞거나 사기당하기도 하고
세금이나 벌금으로 빼앗기기도 하고
못된 자식이 뜯어 가기도 하고
마지막 몸이 무너져 목숨이 끊어질 때
몸으로 지키지도 못하므로
그것은
마치 불타는 집 안에 있는 재물처럼
나에게 아무런 도움이 되지 않나니.

몸에
늙음과 죽음의 불이 맹렬하게 타오를 때
베풂을 통하여

보시를 통하여
몸 바깥으로
속히 재물을 끄집어낸다면
그것은
마치 불타는 집 바깥으로 끄집어낸
재물처럼
나에게 큰 도움이 되리니.

무엇을 베풀면
힘을 보시하는 것이 되며
무엇을 베풀면
아름다움을 보시하는 것이 되며
무엇을 베풀면
안락을 보시하는 것이 되며
무엇을 베풀면
눈을 보시하는 것이 되며
무엇을 베풀면
모든 것을 보시하는 것이 되는가?

음식을 베풀면

힘을 보시하는 것이 되며
옷을 베풀면
아름다움을 보시하는 것이 되며
약을 베풀면
안락을 보시하는 것이 되며
등불을 베풀면
눈을 보시하는 것이 되며
범행처를 베풀면
모든 것을 보시하는 것이 되나니.

이와 같이
재물을
능력껏 베풀고
능력껏 보시하면
비난받지 않고
몸이 무너져 죽은 뒤
천상에 태어나리니
그것은
행복한 결실을 가져오는
참된 공덕이라네.[7]

II

집에
큰불이 나 맹렬하게 타오를 때
집 바깥으로
속히 가족을 이끌어낸다면
그것은
그 가족에게 큰 도움이 되지만
집 바깥으로
속히 가족을 이끌어내지 못하면
그것은
그 가족에게 큰 재앙이 되리니.

몸에
늙음과 죽음의 불이 맹렬하게 타오를 때
재물로 지킨 가족은
이별하기도 하고
중병으로 죽기도 하고
홍수나 화재로 죽기도 하고
사고나 전쟁으로 죽기도 하고

마지막 몸이 무너져 목숨이 끊어질 때
재물로 지키지도 못하므로
그것은
마치 불타는 집 안에 머무는 가족처럼
그 가족에게 큰 재앙이 되리니.

몸에
늙음과 죽음의 불이 맹렬하게 타오를 때
베풂을 통하여
보시를 통하여
늙음과 죽음의 불이 타는 몸 바깥으로
속히 가족을 이끌어낸다면
그것은
마치 불타는 집 바깥으로 이끌어낸
가족처럼
그 가족에게 큰 도움이 되리니.

무엇을 베풀면
불로不老를 보시하는 것이 되며
무엇을 베풀면

불사不死를 보시하는 것이 되는가?

세존의 정법을 가르쳐 베풀면
가족뿐만 아니라 누구든지
세존의 정법을 따라 수행하여
늙음과 죽음의 불을
완전히 소진시켜
다시는
어떠한 존재로도 태어나지 않아
불로를 보시하는 것이 되며
불사를 보시하는 것이 되나니.

이와 같이
정법을
능력껏 베풀고
능력껏 보시하면
살아서 칭송받고
죽어서 천상에 태어나리니
그것은
행복한 결실을 가져오는
참된 공덕이라네.

5
사랑과 미움

I

누구든지
몸으로 나쁜 행위를 짓고
입으로 나쁜 말을 짓고
마음으로 나쁜 생각을 지으면
그 사람은
비록 자신을 사랑한다고 하더라도
자신을 미워하는 자이다.

그것은 무슨 까닭인가?
그 사람은
서로 미워하는 자들이 하는 행위를
스스로 자신에게 하기 때문이다.

누구든지
몸으로 좋은 행위를 짓고
입으로 좋은 말을 짓고
마음으로 좋은 생각을 지으면
그 사람은
비록 자신을 미워한다고 하더라도
자신을 사랑하는 자이다.

그것은 무슨 까닭인가?
그 사람은
서로 사랑하는 자들이 하는 행위를
스스로 자신에게 하기 때문이다.

자신을 진실로 사랑한다면
자신을 악법에 얽어매어서는

아니 되나니
몸과 입과 마음으로
악법을 짓고
거듭 짓고 많이 지으면
악법에 얽혀매여
행복을 얻기란 쉽지 않으리니.

몸과 입과 마음의 행위를 끝내는
죽음에 이르러
몸을 버릴 때
무엇이 자신을 따르며
무엇이 자신의 것이며
무엇을 자신이 가져가는가?

누구든지
몸은 부서지기 마련이니
목숨이 끊어져 몸을 버릴 때
이 세상에서
몸과 입과 마음으로 지은
선법과 악법

이 두 법이
마치 한낮에 그림자가 몸을 따르듯
자신을 따르며
이 두 법이 자신의 것이며
이 두 법을 자신이 가지고 가나니.

선법은
저 천상으로 향상하는 기반이 되며
악법은
저 악취로 하락하는 기반이 되나니
누구든지
살아있는 모든 이는
악법을 멀리 여의고
선법을 널리 지어야 하느니라.

II

누구든지
몸으로 나쁜 행위를 짓고

입으로 나쁜 말을 짓고
마음으로 나쁜 생각을 지으면
그 사람은
비록 자신을
상병象兵으로 보호하고
마병馬兵으로 보호하고
전차병으로 보호하고
보병으로 보호하더라도
자신을 보호하지 않는 자이다.

그것은 무슨 까닭인가?
그러한 보호는
밖의 것이고
안의 것이 아니기 때문이다.

누구든지
몸으로 좋은 행위를 짓고
입으로 좋은 말을 짓고
마음으로 좋은 생각을 지으면
그 사람은

비록 자신을
상병으로 보호하지 않고
마병으로 보호하지 않고
전차병으로 보호하지 않고
보병으로 보호하지 않더라도
자신을 보호하는 자이다.

그것은 무슨 까닭인가?
그러한 보호는
안의 것이고
밖의 것이 아니기 때문이다.

누구든지
몸과 입과 마음으로 짓는
악법을 멀리 여의고
선법을 널리 짓도록
몸을 단속하는 것은 훌륭하며
입을 단속하는 것은 훌륭하며
마음을 단속하는 것은 훌륭하며
나아가

모든 감각의 대문을 단속하는 것은
훌륭하도다.

모든 감각의 대문을
단속하며
단속하지 못함을 부끄러워하는 자
그 사람을 일러
자신을 보호하는 자라 하느니라.[8]

6
네 종류의 사람

I

세상 사람들 중에는
어두운 곳에서 어두운 곳으로 가는 사람
어두운 곳에서 밝은 곳으로 가는 사람
밝은 곳에서 어두운 곳으로 가는 사람
밝은 곳에서 밝은 곳으로 가는 사람
이렇게 네 종류의 사람이 있나니.

어떻게 하여 어떤 사람은

어두운 곳에서 어두운 곳으로 가는가?
여기 어떤 사람은
비천하고 가난한 집안에 태어나
어리석어 총명하지 못하고
먹고 마실 것이 부족하고
생계가 곤란하며
입을 것이 부족하여
겨우 몸만 가릴 수 있으며
못생기고 보기 흉하고 병약하며
장애나 불구 혹은 기형이니.
그 사람은
풍족한 음식과 마실 것
의복과 탈 것
향과 화장품과 화환
좋은 집과 따뜻한 침실을
얻지 못하나니.
그럼에도
그 사람은
이 세상에서
몸으로 나쁜 행위를 짓고

입으로 나쁜 말을 짓고
마음으로 나쁜 생각을 짓나니.
끊임없이
몸과 입과 마음으로
악법을 짓고
거듭 짓고 많이 짓나니
죽음에 이르러
목숨이 끊어져 몸이 무너진 다음
마치
땅에서 더러운 곳으로 가거나
더러운 곳에서 어두운 곳으로 가거나
어두운 곳에서 암흑천지로 가는 것처럼
그 사람은
악취에 태어나리라.

어떻게 하여 어떤 사람은
어두운 곳에서 밝은 곳으로 가는가?
여기 어떤 사람은
비천하고 가난한 집안에 태어나
어리석어 총명하지 못하고

먹고 마실 것이 부족하고
생계가 곤란하며
입을 것이 부족하여
겨우 몸만 가릴 수 있으며
못생기고 보기 흉하고 병약하며
장애나 불구 혹은 기형이니.
그 사람은
풍족한 음식과 마실 것
의복과 탈 것
향과 화장품과 화환
좋은 집과 따뜻한 침실을
얻지 못하나니.
그럼에도
그 사람은
이 세상에서
몸으로 좋은 행위를 짓고
입으로 좋은 말을 짓고
마음으로 좋은 생각을 짓나니.
끊임없이
몸과 입과 마음으로

선법을 짓고
거듭 짓고 많이 짓나니
죽음에 이르러
목숨이 끊어져 몸이 무너진 다음
마치
땅에서 가마에 오르거나
가마에서 말의 등에 오르거나
말의 등에서 코끼리의 몸통에 오르거나
코끼리의 몸통에서 궁전으로 오르는 것처럼
그 사람은
천상에 태어나리라.

어떻게 하여 어떤 사람은
밝은 곳에서 어두운 곳으로 가는가?
여기 어떤 사람은
이름 높고 부유한 집안에 태어나
어리석지 않고 총명하며
많은 재산과 유산과 금은보화를 가지고
먹고 마실 것과 의복이 풍족하고
멋있고 수려하고 우아하고

준수한 용모와 강건함을 갖추나니.
그 사람은
풍족한 음식과 마실 것
의복과 탈 것
향과 화장품과 화환
좋은 집과 따뜻한 침실을 얻느니라.
그럼에도
그 사람은
이 세상에서
몸으로 나쁜 행위를 짓고
입으로 나쁜 말을 짓고
마음으로 나쁜 생각을 짓나니.
끊임없이
몸과 입과 마음으로
악법을 짓고
거듭 짓고 많이 짓나니
죽음에 이르러
목숨이 끊어져 몸이 무너진 다음
마치
궁전에서 코끼리의 몸통으로 내려오거나

코끼리의 몸통에서 말의 등으로 내려오거나
말의 등에서 가마로 내려오거나
가마에서 땅으로 내려오는 것처럼
그 사람은
악취에 태어나리라.

어떻게 하여 어떤 사람은
밝은 곳에서 밝은 곳으로 가는가?
여기 어떤 사람은
이름 높고 부유한 집안에 태어나
어리석지 않고 총명하며
많은 재산과 유산과 금은보화를 가지고
먹고 마실 것과 의복이 풍족하고
멋있고 수려하고 우아하고 준수한
용모와 강건함을 갖추나니.
그 사람은
풍족한 음식과 마실 것
의복과 탈 것
향과 화장품과 화환
좋은 집과 따뜻한 침실을 얻느니라.

그럼에도
그 사람은
이 세상에서
몸으로 좋은 행위를 짓고
입으로 좋은 말을 짓고
마음으로 좋은 생각을 짓나니.
끊임없이
몸과 입과 마음으로
선법을 짓고
거듭 짓고 많이 짓나니
죽음에 이르러
목숨이 끊어져 몸이 무너진 다음
마치
가마에서 가마로 옮아가거나
말의 등에서 말의 등으로 옮아가거나
코끼리의 몸통에서 코끼리의 몸통으로 옮아가거나
궁전에서 궁전으로 옮아가는 것처럼
그 사람은
천상에 태어나리라.

II

세상 사람들 중에는
어두운 곳에서 어두운 곳으로 가는 사람
어두운 곳에서 밝은 곳으로 가는 사람
밝은 곳에서 어두운 곳으로 가는 사람
밝은 곳에서 밝은 곳으로 가는 사람
이렇게 네 종류의 사람이 있나니.

여기 어떤 사람은
가난한데
마음까지 가난하여
믿음이 없고 베풂이 없어
인색하고 구두쇠와 같으며
삿된 견해를 가지고 악한 생각을 품으니
다른 이들로부터
존경받지 못하는도다.
그 사람은
좋은 도반이나 구법자를
비방하거나 욕하며

다른 이들이
좋은 도반이나 구법자들에게
음식을 베풀거나 보시하는 것조차
비방하거나 방해하는도다.
그 사람은
죽어서
악취에 떨어지나니
이러한 사람이 바로
어두운 곳에서 어두운 곳으로 가는 자로다.

여기 어떤 사람은
가난하지만
마음은 가난하지 않아
믿음이 있고 베풂이 있어
인색하지 않고 보시하며
고결한 생각을 품으니
그 마음 산란하지 않도다.
그 사람은
좋은 도반이나 구법자를
일어나 맞이하고 공경하며

다른 이들이
좋은 도반이나 구법자들에게
음식을 베풀거나 보시하는 것을
칭송하며 방해하지 않는도다.
그 사람은
죽어서
천상에 태어나나니
이러한 사람이 바로
어두운 곳에서 밝은 곳으로 가는 자로다.

여기 어떤 사람은
부유하지만
마음은 가난하여
믿음이 없고 베풂이 없어
인색하고 구두쇠 같으며
삿된 견해를 가지고 악한 생각을 품으니
다른 이들로부터
존경받지 못하는도다.
그 사람은
좋은 도반이나 구법자를

비방하거나 욕하며
다른 이들이
좋은 도반이나 구법자들에게
음식을 베풀거나 보시하는 것조차
비방하거나 방해하는도다.
그 사람은
죽어서
악취에 떨어지나니
이러한 사람이 바로
밝은 곳에서 어두운 곳으로 가는 자로다.

여기 어떤 사람은
부유하고
마음도 가난하지 않아
믿음이 있고 베풂이 있어
인색하지 않고 보시하며
고결한 생각을 품으니
그 마음 산란하지 않도다.
그 사람은
좋은 도반이나 구법자를

일어나 맞이하고 공경하며
다른 이들이
좋은 도반이나 구법자들에게
음식을 베풀거나 보시하는 것을
칭송하며 방해하지 않는도다.
그 사람은
죽어서
천상에 태어나나니
이러한 사람이 바로
밝은 곳에서 밝은 곳으로 가는 자로다.[9]

7
보호하소서

부처님의 정법을 수호하는
우주의
모든 부처님의 제자들과
신들과 천신들과 범천들이시여!

부처님의 정법도량을 수호하는
우주의
모든 부처님의 제자들과
신들과 천신들과 범천들이시여!

부처님의 정법제자를 수호하는
우주의
모든 부처님의 제자들과
신들과 천신들과 범천들이시여!

이제 저는
부처님의 정법에 따라
부처님의 정법도량에서
부처님의 정법제자가 됨을
세상에 선언합니다.

금생처럼
수많은 내생 윤회할 때
부처님의 정법 만나
부처님의 정법도량으로 나아가
부처님의 정법제자가 되기를
간절히 바라오니
발 없는 짐승의 위해로부터
두 발 가진 짐승의 위해로부터
네 발 가진 짐승의 위해로부터

많은 발 가진 짐승의 위해로부터
해롭고 악한 모든 중생으로부터
해롭고 악한 모든 생명으로부터
해롭고 악한 모든 존재로부터
벗어나고 만나지 않도록
간절히 청하오니
저를
보호하여 주시고
지켜주시고
인도하여 주소서.[10]

금생과
수많은 내생 윤회할 때
고통과 위험, 악인과 원수
피하여 만나지 않고
행복과 기쁨, 선인과 성인
만나서 가까이하고
모든 일들 원하는 대로 이루어져
어려움 없이
장애 없이

부처님의 정법 만나 공부하도록
간절히 청하오니
저를
보호하여 주시고
지켜주시고
인도하여 주소서.

금생과
윤회하는 수많은 내생
그 어느 생에 기필코
윤회의 고리 끊고
윤회의 고리 벗어나
모든 번뇌 소멸하고
모든 해탈 성취하여
지극한 행복을 누리는
열반에 도달하여 머무는
청정범행
어려움 없이
장애 없이
부처님의 정법에 따라

다 해 마칠 수 있도록
간절히 청하오니
저를
보호하여 주시고
지켜주시고
인도하여 주소서.

2부
홀로 가는 전법의 길

비구들이여
유행을 떠나라
둘이서
같은 길로 가지 말라
비구들이여
유행하면서
여래의 법을 설하라
시작도 훌륭하고
중간도 훌륭하고
끝도 훌륭하게
여래의 법을 설하라
의미와 표현을
잘 갖추어
여래의 법을 설하라[11]

8
바른 스승과 그릇된 스승

만약 어떤 사람이 바른 스승을 만나 스승으로부터 가르침을 배우고 익혀 청정범행을 닦고자 한다면 먼저 그는 만나는 스승이 바른 스승인지 아닌지를 검증하여야 한다. 만약 그 스승이 바른 스승이라면 게으르지 않게 열의를 가지고 그 스승으로부터 가르침을 배우고 익혀 청정범행을 닦아야 하며, 만약 그 스승이 바른 스승이 아니라면 그의 가르침을 버리고 그를 떠나야 한다. 스승이 바른 스승인지 아닌지를 검증하려는 사람이 자신의 마음으로 다른 사람의 마음을 아는 법을 모른다면, 그는 스승이 바른 스승인지 아닌지를 두 가지 방법 즉 눈으로 알 수 있는 방법과 귀로 알 수 있는 방법으로 바른 스승의 기준들을 차례대로 검증하여야 한다.

①눈으로 스승의 행동을 보고 귀로 스승이 말하는 것을 듣고서 스승의 마음을 관찰하고 추론하여 스승의 마음이 오염된 상태가 아니어야 하며 ②오염되지 않은 상태 속에 눈과 귀로 알 수 있는 오염된 상태가 미미하게 섞여 있지 않아야 하며 ③미미하게 섞여 있지 않은 상태가 오염을 여읜 깨끗한 상태이어야 하며 ④오염을 여읜 깨끗한 상태가 증득한 지 오래되어야 하며 ⑤깨끗한 상태가 도달한 지 오래되어 스승으로서 명성을 얻고 세상에 널리 알려져 추종자들과 재물과 명예가 생기면서 이때까지 조건이 맞지 않아 드러나지 않았던 허물이 드러나 첫째로 재물을 탐하여 사치스럽고 호화스러운 생활로 바뀌거나 둘째로 명예를 탐하여 거만하고 오만한 행동으로 바뀌거나 셋째로 애욕을 탐하여 감각적 쾌락을 즐기거나 빠지게 되는 다소간 위험이 없어야 하며 ⑥다소간 위험이 없는 그 마음은 변함없이 고요하되 인위적인 억제가 없어야 하며 ⑦인위적인 억제가 없는 마음은 감각적 욕망을 여읜 상태이어야 하며 ⑧감각적 욕망을 여읜 상태에서 어떤 이유로든지 한번이라도 어떤 사람이라도 경멸하지 않아야 하며 ⑨경멸하지 않는 상태의 스승으로부터 바른 스승의 기준들을 직접 구두로 검증하여야 한다. '눈과 귀를 통하여 알 수 있는 오

염된 상태가 스승께 있습니까 아니면 없습니까? 눈과 귀를 통하여 알 수 있는 오염이 미미하게 섞여있음이 스승께 있습니까 아니면 없습니까? 눈과 귀를 통하여 알 수 있는 오염을 여읜 깨끗한 상태가 스승께 있습니까 아니면 없습니까? 눈과 귀를 통하여 알 수 있는 깨끗함의 오래된 상태가 스승께 있습니까 아니면 없습니까? 눈과 귀를 통하여 알 수 있는 다소간 위험이 스승께 있습니까 아니면 없습니까? 눈과 귀를 통하여 알 수 있는 인위적인 억제가 스승께 있습니까 아니면 없습니까? 눈과 귀를 통하여 알 수 있는 감각적 욕망을 여읨이 스승께 있습니까 아니면 없습니까? 눈과 귀를 통하여 알 수 있는 경멸하는 상태가 스승께 있습니까 아니면 없습니까?' 하고 물어야 하며, 스승은 바른 스승의 기준들을 모두 바르게 통과하여야 한다. 그러나 스승이 바른 스승의 기준들을 통과하는 옳은 답변을 하나라도 못하거나 거짓으로 대답하거나 여러 가지 이유와 핑계 혹은 역질문으로써 대답을 회피하거나 미루거나 묵묵부답이거나 동문서답한다면 그 스승은 바른 스승이 아니다. ⑩바른 스승의 기준들을 눈과 귀로 알 수 있는 방법으로 스스로 검증하였고 또한 스승으로부터 직접 구두로 검증을 마친 상태에서 그 스승의 교수법을 검증하여야 한다. 그 스승은 어두운 법의 이면인 밝은 법과 밝은 법의 이면인 어두운 법의 양면을 고르고 평등하게 빠짐없이 가르치며, 낮고 쉬운 단계에서 시작하여 점차 높고 미묘한 단계로 나아가면서 빠짐없이 가르치며, 거친 단계에서 시작하여 세밀하고 정밀한 단계로 나아가면서 빠짐없이 가르치는 교수법을 갖추어야 하며 이러한 교수법으로 제자를 인도한다. 이와 같은 스승이 바른 스승이다.

이와 같이 바른 스승을 만나서 바른 스승으로부터 가르침을 배우고 익혀 청정범행을 닦고자 하는 사람은 누구든지 이러한 검증방법으로 스승을 검증하고 이렇게 검증된 바른 스승으로부터 위없는 진리의 가르침을 배워 인지認知하여야 한다. 이렇게 배워 인지한 위없는 진리의 가르침과 바른 스승에 대하여 청정한 믿음을 심고 청정한 믿음의 뿌리를 내리고 청정한 믿음을 더욱 확고하게 하여야 한다. 이러한 믿음이야말로 정견에 뿌리를 두어 합리적이고 확고하여, 사문이든 브라만이든 신이든 천신이든 마라든 범천이든 이 세상 어느 누구도 그 믿음을 꺾을 수 없다.[12]

그러나 바른 스승을 검증하는 이러한 방법을 배우지 않아 모른 채 스승을 만나고자 하는 사람들이 스승의 자격으로 비범함이나 특별함을 좇는 경우가 있다. 이들이 좇는 비범함이나 특별함은 첫째가 치유능력이다. 아픈 사람들을 치유하는 능력을 갖춘 스승이 자신이나 주변 사람들의 병을 치유하는 것을 직접 목격하였을 때 대부분의 사람들은 스승에 대한 절대적인 신뢰나 믿음을 품게 된다. 이러한 사람들은 만약 어떤 환자가 스승의 치유능력으로 병이 낫지 않는다면 오히려 그 환자를 스승의 은총이나 은혜를 받을 만한 준비가 되어 있지 않은 사람으로 취급하고 스승의 치유능력에 대하여 의심하지 않는다. 나아가 치유능력을 가진 스승이 병들어 고통을 받는 것을 보고 사람들은 스승의 치유능력을 의심하기보다는 그 스승이 세상 사람들의 모든 병고를 대신 짊어지는 자비와 사랑을 실천하는 것으로 이해한다. 둘째는 다른 사람의 생각이나 마음을 아는 능력이다. 대부분 사람들은 자신의 은밀한 생각이나 마음을 스승이 아는 것을 몸소 겪을 때 이러한 스승은 세상의 모든 것을 알고 있을 것이라는 신념이나 믿음을 품게 된다. 셋째는 전생을 아는 능력이다. 대부분의 사람들은 스승이 다른 사람들의 전생을 아는 사실로부터 내생도 알 것이라고 추론하거나 그러한 추론을 근거로 과거·현재·미래를 모두 알고 있다고 믿고 이러한 스승을 마치 신처럼 혹은 신의 매개자처럼 신격화하여 받든다.

　이러한 스승들은 여러 가지 방법과 설교로써 주변의 사람들을 자신이 이끄는 단체에서 이탈하지 않고 오랫동안 소속

되게 만든다. 그리하여 사람들을 오랜 세월 동안 불행과 고통을 초래하는 길로 이끌어 간다. 간혹 어떤 사람들은 이러한 지도자들이 보이는 신통들은 방편에 불과한 것이고 그러한 신통의 바탕이 되는 가르침을 배워야 한다고 생각한다. 그리고 자신이 부족하여 그러한 가르침을 아직 배우지 못하고 있다고 생각하여 스승과 스승의 단체에 대한 헌신과 복종을 더욱 키워간다. 또한 간혹 어떤 사람들은 신통을 갖춘 스승이 비록 외도일지라도 이런 스승이 신통을 갖추지 못한 바른 스승보다 더욱 수승하다고 생각한다. 이런 사람들은 바른 가르침보다 신통을 우선하여 배우고자 한다. 이렇게 신통을 갖춘 스승들의 역사적인 사례로는 육사외도의 일부 스승들이 있다. 그들은 바른 가르침보다 자신의 신통으로 자신의 단체를 이끌었다. 정법을 바르게 이해하지 못한 상태에서 대략 세 가지 방법으로 이러한 신통을 지니게 되는데, 첫째 선천적으로 지니게 된 경우, 둘째 외도수행법으로 지니게 된 경우, 셋째 영적인 존재와의 접촉을 통하여 지니게 된 경우이다. 이러한 스승은 바른 스승이 아니고 그릇된 스승이므로 그 스승의 가르침을 버리고 그 스승을 떠나야 한다.

9
바른 학습과 그릇된 학습

진리를 알지 못하고 보지 못하는 어떤 사람이 진리를 배워 진리를 발견하기 위하여서는 먼저 바른 스승을 찾아야 한다. 바른 스승을 찾기 위하여서는 바른 스승의 기준들을 차례대로 적용하여 모든 기준들을 충족시키는지 않는지를 검증하여야 한다. 만약 검증하여 모든 기준들을 충족시킨다면 바른 스승이라고 알아 바른 스승으로 받아들인다. 이렇게 받아들인 바른 스승으로부터 진리를 배울 때 바른 학습의 방법을 따라야 한다.

먼저 바른 스승의 기준들을 모두 충족시켜서 바른 스승으로 받아들이면 ①스승과 스승의 가르침에 대하여 신뢰와 믿음이 생긴다. ②믿음이 생기면 진리를 추구하는 구도자는 스승을 가까이 친견하게 된다. ③가까이 친견하게 되면 더욱 자주 친견하게 되면서 공경하게 된다. ④공경하게 되면 스승의 가르침을 귀 기울여 듣게 된다. ⑤들으면 자주 듣게 되고 자주 들으면 새겨듣게 된다. ⑥새겨들으면 어떤 가르침들을 기억하게 된다. ⑦기억하면 그 가르침의 의미를 깊이 생각하고 사유하게 된다. ⑧깊이 사유하면 그 가르침을 이해하게 된다. ⑨이해하게 되면 이해한 가르침들을 점차 동의하고 인정하면서 수용하게 된다. 이해한 가르침을 받아들여 수용하는 것을 승인承認이라고 하며, 어떤 가르침을 승인하면 그 가르침은 자신의 법이 된다.

⑩법을 승인하면 더욱 많은 법을 승인하고자 하는 의욕이 생겨난다. ⑪의욕이 생기면 열의를 가지게 된다. ⑫열의를 가지면 힘을 기울여 더욱 노력하게 된다. ⑬노력하게 되면 승인한 법들을 깊이 관찰하게 된다. ⑭깊이 관찰하면서 법의 전체 구조와 전말을 이해하기 시작하고 따라서 이러한 일련의 노력으로써 가일층 매진하게 된다. ⑮그렇게 매진하면 마침내 위없는 진리의 전체 구조와 전말을 이해하고 수용하여 꿰뚫어 보고 알게 된다. 즉 위없는 진리를 인지認知하게 된다. ⑯법을 인지하면 인지한 법에 따라 범행을 차제대로 끊임없이 닦

아가고 실천할 때 법의 궁극적인 성취成就가 있게 되고, 위없는 진리에 도달한다. 이렇게 바른 스승으로부터 진리를 바르게 배워나가는 것이 바른 학습이다.[13]

그러나 바른 스승으로 받아들였다 하여도 스승의 가르침을 바른 학습의 방법으로 배우지 않는다면 법을 인지하는 일은 일어나지 않는다. 나아가 바른 스승의 기준조차 갖추지 못한 채 '나는 진리를 안다'고 말하거나 '나는 진리를 본다'고 말하면서 세상을 속이고 다른 사람을 속이고 자신마저 속이는 스승에게서 진리를 배우는 것은 불가능하다. 그 스승이 전승한 가르침이, 그 스승이 배웠던 스승이, 혹은 그 스승이 스스로 깨달은 진리가 아무리 수승하고 훌륭하고 위없다 하더라도 그 스승에게서 배울 수 있는 것은 오직 말과 주장뿐, 논의하고 배울 만한 내용이 없다. 이러한 스승은 바른 학습 방법에 따른 '사유와 이해'보다는 반복학습을 통한 '세뇌와 믿음'을 강조하여 가르치는 경향이 있다.

나아가 진리를 찾으려는 구법자가 단순하고 쉽고 어리석은 학습방식으로 가르침을 수용하는 것은 바람직하지 않다. 이를테면 오랜 세월 동안 종교적인 권위와 전통으로 전승되어 말해져 왔기 때문에, 많은 사람들이 공통적으로 말하기 때문에, 반복적으로 말해져 왔기 때문에 그러한 가르침에 세뇌되거나 단순히 따라서 믿는 것은 현명하지 않다. 나아가 소문이나 풍문 혹은 남의 말을 듣고 단순히 믿는 것은 현명하지 않다. 또한 오랜 세월 동안 종교적인 권위와 전통을 지니고 전승되어 동일한 방법으로 수행되어 왔기 때문에, 많은 사람들이 공통적으로 수행하기 때문에, 반복적으로 수행하여 왔기 때문에 맹목적으로 그러한 가르침에 따라 수행하는 것은 현명하지 않다. 나아가 소문이나 풍문 혹은 남의 말을 듣고 맹목적으로 따라서 수행하는 것은 현명하지 않다. 보고 듣고 느낀 것에 의하여 보기 좋고 기분 좋고 편하기 때문에 성급하게 생각하여 판단하고 수용하여 따르는 것은 현명하지 않다. 정신적인 스승에 대한 절대적인 존경과 복종의 표현으로 그 스승이 말하는 것은 무엇이든 절대적으로 확신하거나 믿고 따르는 것은 현명하지 않으며, 다른 가르침은 전혀 배우지 못한 채 오직 한 가르침만 배워 그 가르침만 확신하는 것은 현명하지 않다. 이와 같이 현명하지 않은 방법으로 가르침을 수용하는 것은 바른 학습 방법이 아니다. 그릇된 학습 방법으로 가르침을 수용하면 위없는 진리를 구하여 바른 깨달음과 열반으로 나아가기는커녕 오히려 사견의 늪에 빠지고 사견의 파도에 휩쓸리게 되어 오랜 세월 동안 불행과 고통을 초래하는 길을 벗어나지 못한다.

10
적절한 도량과 부적절한 도량

바른 학습 방법으로 바른 스승의 가르침을 배우는 구법자는 법의 성취를 위하여 범행을 바른 차제대로 끊임없이 닦아가고 실천하기에 적절한 도량 즉 범행처로 나아간다. 이러한 구법자 중에는 출가하여 신참 비구(니)가 되는 경우가 있다. 신참 비구(니)가 의지하는 숲이나 나무 아래 또는 외진 처소로 표현되는 일없는 곳의 적절한 범행처는 다섯 가지 외적 조건을 갖추고 있다.

①마을로부터 너무 멀지도 않고 너무 가깝지도 않아 오고 가기에 편리한 곳에 위치하고 범행처에서 가장 가까운 마을까지의 거리는 1구로사俱盧舍로 약 1.2km이며 ②낮에는 마을

사람들이 왕래하는 곳에서 떨어져 번거롭지 않고 한가로우며 밤에는 마을사람들이 모여서 즐기는 곳에서 떨어져 시끄럽지 않고 조용한 곳이며 ③바람이 거칠지 않고 잦으며, 뙤약볕을 피할 수 있으며, 상습적인 홍수범람지역을 벗어나며, 뱀·전갈·지네·거미·개미·벌·모기·파리·쥐 등의 독충이나 해충뿐만 아니라 맹수들의 접촉이 되도록 적거나 없는 곳이며 ④적절한 생활필수품과 의식주의 공급이 힘들이지 않고 이루어져 탁발음식과 의복 그리고 좌구를 포함한 개인거처 및 의약품의 공급이 적절하게 이루어지는 곳이며 ⑤좋은 벗[善友]이자 동료이며 도반道伴으로서 좋은 비구(니)들이 있는 곳이다.[14]

이와 같이 외적 조건이 잘 갖추어진 적절한 범행처에서 범행을 닦는 구법자는 다섯 가지 내적 조건을 잘 갖추어야 한다. 내외의 조건들이 모두 잘 갖추어지면 구법자가 청정범행을 닦기에 적절한 범행처가 되며, 이러한 적절한 범행처에서 청정범행을 닦기에 적절한 구법자가 된다.

구법자는 ①바른 스승이나 존경할 만한 비구(니)에게 법을 배워야 하며 ②타인들에게 법을 설하여야 하며 ③법을 독송하여야 하며 ④법을 숙고하여야 하며 ⑤사띠를 확립하여야 한다. 구법자가 법을 상세하게 듣고 배울 때, 법을 상세하게 듣고 배워서 타인들에게 상세하게 설명하거나 가르칠 때, 법을 상세하게 듣고 배워서 타인들에게 설명하지도 가르치지도 않으나 듣고 배운 대로 상세하게 암송하거나 독송할 때, 법을 상세하게 듣고 배워서 타인들에게 설명하지도 가르치지도 않고 암송하지도 독송하지도 않으나 듣고 배운 대로 상세하게 생각하고 지속적으로 고찰하고 깊이 사유하고 숙고할 때, 법을 상세하게 듣고 배워서 타인들에게 설명하지도 가르치지도 않고 암송하지도 독송하지도 않고 사유하지도 숙고하지도 않으나 듣고 배운 대로 상체를 곧추세워 바르게 앉아 사띠 수행을 닦아 사띠를 확립할 때, 그 구법자는 법의 의미를 이해하고 법을 체득한다. 법의 의미를 이해하고 법을 체득할 때 환희가 생긴다. 환희하는 자에게는 희열이 생기고, 희열하는 자는 몸과 마음이 경안하여진다. 몸과 마음이 경안한 자는 행복을 느끼고, 행복한 자는 선정에 든다. 이 다섯 가지는 모두 내적인 해탈의 장소〔解脫處〕로서 구법자가 갖추어야 할 다섯 가지 내적 조건이다.[15]

이와 같은 외적 조건이 갖추어진 적절한 범행처에서 신참 비구(니)가 바른 견해를 갖추어 바르게 출가하여 정법에 따라 청정범행을 닦는 좋은 비구(니)들과 사귀는 것은 청정범행의 절반이 아니라 전부에 해당되며,[16] 바른 깨달음에 이르는 많은 외적 요인 중에 오직 하나만 선택하라고 할 때 반드시 선택해야 하는 요인이 되고,[17] 태양이 떠오를 때 여명이 전조가 되듯이 청정범행의 전조가 된다.[18] 신참 비구(니)는 좋은 비구(니)들과 사귀면서 승가의 일원이 되어 계를 수지受持하고 지켜나가야 한다. 삿된 생계수단을 멀리 여의고 청정한 생계수단을 지켜야 하고, 잘못된 신구의身口意 삼행과 생활습관을 멀리 여의고 바른 신구의 삼행과 생활습관을 지켜야 하며, 적절하지 못한 생활필수품을 멀리 여의고 적절한 생활필수품을 지켜야 한다. 이렇게 계를 지킬 때 신참 비구(니)는 만족한 일상생활을 지켜나갈 수 있으며, 만족한 일상생활을 영위하는 신참 비구(니)는 만족한 일상생활 속에서 이와 같은 다섯 가지 내적 조건을 갖추어간다.

그러나 비록 숲속이나 한적한 곳의 사원이라 할지라도 다섯 가지 내적 조건을 갖추는 데 장애가 되는 어떠한 종류의 일이라도 부과된다면 그곳은 일없는 곳의 적절한 범행처가 되지 못한다. 범행자의 의식주에 관련된 일, 사원이나 범행처의 유지관리 및 운영에 관련된 일, 그리고 세상과 관련된 일들은 범행자에게 부과되지 않고 없어야 한다. 그러면서도 범행자의 의식주가 적절하게 유지되고 사원이나 범행처의 유지관리 및 운영이 적절하게 처리되며 세상과 관련된 일들이 적절하게 해결되는 일없는 곳이 적절한 범행처이다.

'일일부작 일일불식一日不作 一日不食'이라 하여 범행처에서 일하는 것을 수행의 일부라고 권장하거나, 범행처의 일상생활을 만족하지 못하고 더 나은 범행처를 만들기 위하여 혹은 더욱 안정적인 범행처의 일상생활을 만들기 위하여 범행처의 환경이나 의식주를 개선하려고 노력하거나, 범행처와 범행처의 일상생활을 유지관리하기 위하여 노력하거나, 나아가 자신이 속한 단체의 대의를 위하여 헌신하는 생활을 권장하는 범행처는 일없는 곳의 적절한 범행처가 아니며 진리를 성취하려는 구법자가 범행을 실천하기에 적절한 범행처가 아니다.

10.1
선법계 수지善法戒 受持

몸으로 짓는 나쁜 행위는 여의어 가고 좋은 행위는 증장하여 가며, 입으로 짓는 나쁜 말은 여의어 가고 좋은 말은 증장하여 가며, 마음으로 짓는 나쁜 생각은 여의어 가고 좋은 생각은 증장하여 가는 세존의 가르침이 선법계이다. 선법계를 실천하지 않고서는 현재의 모습에서 향상이란 기대할 수 없다. 따라서 미래에 더 나은 상태가 되고자 하는 모든 구법자들은 반드시 적절한 범행처에서 계를 수지하고 지키되 이때 아무리 작은 허물이나 작은 어긋남에도 두려움을 보면서 학습하고 익힌 대로 한 치의 어긋남이 없이 계를 바르게 지켜 나가야 한다.

선법계 善法戒

1. 생명을 죽이는 행위를 버리고 생명을 죽이는 행위를 멀리 여읜다. 생명을 죽이는 행위를 위한 몽둥이를 내려놓고 칼을 내려놓아 청정하게 머문다.

2. 주지 않은 것을 가지는 행위를 버리고 주지 않은 것을 가지는 행위를 멀리 여읜다. 준 것만 받고 주지 않은 것을 훔치는 행위를 하지 않아 청정하게 머문다.

3. 순결하지 않은 행위를 버리고 순결하지 않은 행위를 멀리 여읜다. 순결한 행위를 하고 순결하지 않은 행위를 멀리 여의어 청정하게 머문다.

4. 거짓된 말을 하는 행위를 버리고 거짓된 말을 하는 행위를 멀리 여읜다. 거짓된 말을 하지 않아 세상 사람들을 속이지 않고 진실된 말을 하여 진실에 부합하여 스스로 군건하고 믿음직하게 머문다.

5. 이간하는 행위를 버리고 이간하는 행위를 멀리 여읜다. 사

람들을 이간하고자 여기서 듣고 저기서 다르게 말하거나 저기서 듣고 여기서 다르게 말하지 않는다. 사람들의 화합을 좋아하고 화합을 기뻐하고 화합을 즐겨하며 이간된 사람들을 화합하게 하는 말을 하여 스스로 굳건하고 화합하여 머문다.

6. 나쁜 말을 하는 행위를 버리고 나쁜 말을 하는 행위를 멀리 여읜다. 나쁜 말을 하지 않아 사람들의 마음에 상처를 주지 않으며 유순하고 사랑스럽고 가슴에 와 닿고 예의 바르고 들어서 즐거운 말을 한다. 사람들이 좋아하고 사람들의 마음에 드는 좋은 말을 하여 스스로 굳건하고 유순하게 머문다.

7. 잡담하는 행위를 버리고 잡담하는 행위를 멀리 여읜다. 잡담하지 않고, 유익한 것을 말하고, 계를 말하고, 법을 말하고, 시기에 맞는 말을 한다. 담아둘 만한 이유가 있고 의미가 분명하며 이익을 줄 수 있는 말을 하되, 말하는 바른 시기를 알아 그 시기에 맞게 말을 하여 스스로 굳건하고 법답게 머문다.[19]

○○○은/는 목숨이 다할 때까지 선법계를 지키겠습니다.(3)

10.2
바른 말 〔正語〕

참된 자들은
네 가지를 갖추어 말하되
말하는 바른 시기를 알아
그 시기에 맞게 말하나니,
그러한 말은
그릇된 말이 아니고
바른 말이며
비난받을 말이 아니고
칭송받을 말이로다.

그 네 가지가 무엇인가?
첫째
진실한 말만 하고
거짓된 말은 하지 않는다.
둘째
사랑스런 말만 하고
이간하는 말은 하지 않는다.
셋째
좋은 말만 하고
나쁜 말은 하지 않는다.
넷째
법만 말하고
비법은 말하지 않는다.

무엇이 거짓된 말이며
무엇이 진실한 말인가?
자신의 이익을 위하여
남을 속이고 세상을 속이는
그런 말이
거짓된 말이며

진실한 이로움이 갖추어져 있고
바른 법이 확립되어 있는
그런 말이
진실한 말이로다.

무엇이 이간하는 말이며
무엇이 사랑스런 말인가?
들어서 기쁨이 사라지고
사악함이 생기는
그런 말이
이간하는 말이며
들어서 기쁨이 생기고
사악함이 사라지는
그런 말이
사랑스런 말이로다.

무엇이 나쁜 말이며
무엇이 좋은 말인가?
자신을 괴롭히고
남을 해치는

그런 말이
나쁜 말이며
자신을 괴롭히지 않고
남을 해치지 않는
그런 말이
좋은 말이로다.

무엇이 비법이며
무엇이 법인가?
괴로움을 끝내지 못하고
열반으로 인도하지 못하는
그런 말이
비법이며
괴로움을 끝내고
열반으로 인도하는
그런 말이
법이로다.[20]

11
좋은 도반과 저열한 도반

적절한 범행처로 나아간 신참 비구(니)가 닮아가고자 따르고 사귀는 좋은 비구(니)란 다섯 가지 특징을 갖춘 비구(니)를 말한다. ①믿음이 있다. 석가모니 부처님의 가르침과 깨달음에 대하여 신뢰와 믿음을 품는다. ②침착하다. 음식을 고루 소화시키고 육체적·정신적 고통과 병이 없으며, 과도하여 넘치지도 않고 게을러 부족하지도 않은 중간의 적절한 열의를 가지고 범행을 닦는다. ③정직하다. 스승과 동료 비구(니)들과 세상 사람들을 현혹하지 않으며 그들에게 자신의 모습을 있는 그대로 정직하게 드러낸다. ④정진한다. 유익하지 않고 불건전한 법들을 버리고 벗어나서 유익하고 건전한 법들을 두루 갖추고 구족하기 위하여 굳건하게 정진한다. 아직 일어나지 않은 유익하고 건전한 법들을 갖추기 위하여, 또한 이미 일어난 유익하고 건전한 법들을 유지·증장하기 위하여 기울여야 하는 노력이나 정진 혹은 범행에 대하여 지치거나 피곤해 하거나 싫증을 내어 내팽개치지 않는다. ⑤사띠한다. 안으로, 바깥으로, 안팎으로 일어나고 사라지는 생멸을 관찰하여 선명하게 알아차리며, 이것을 지속하여 머문다.[21]

신참 비구(니)가 닮아가지 않고자 피하고 멀리하고 가까이 하지 않아야 할 저열한 도반이란 다섯 가지 특징을 가진 도반을 말한다. ①석가모니 부처님의 가르침을 보고 듣고 배우지 않아 바르게 이해하지 않거나 ②석가모니 부처님의 가르침에 대한 신뢰와 믿음이 없거나 ③상세하게 가르치고 훈계하여도 참지 않고 견디지 않아 훈계를 잘 받아들이기 어려워하거나 ④마침내 자기 자신의 견해와 고집과 감정을 굳게 지키고 굳게 거머쥐어 쉽게 놓아버리지 못하거나 ⑤저열한 벗·동료·도반과 가까이하고 어울리고 사귀는 자이다.

이와 같은 다섯 가지 특징을 가진 저열한 도반들을 피하고 멀리하고 가까이하지 않아 닮아가지 않고 다섯 가지 특징을 갖춘 좋은 비구(니)들을 따르고 사귀어 닮아가는 신참 비구(니)가 적절한 범행처에서 범행을 닦아가면, 오래지 않아 모든 번뇌가 다하여 어떠한 번뇌도 남아 있지 않은 마음의 해탈[心解脫]과 지혜의 해탈[慧解脫]을 최상의 지혜로 스스로 알고 실현하는 것이 가능하다.

적절한 범행처에서 신참 비구(니)와 좋은 비구(니)들이 각자 범행을 닦아가면서 서로 사귀고 화합하여 승단이 쇠퇴하지 않고 번영하는 일곱 가지 방법이 있다. ①동일한 범행처의 비구(니)들이 정기적으로 모이고 자주 모인다. ②모이고 흩어질 때 화합한다. 모일 때 모든 구성원들의 의사를 존중하고 화합하여 모이고, 흩어질 때 승가의 일을 논의하고 합의하고 결정한 뒤에 화합하여 흩어진다. ③화합하여 논의하고 합의하고 결정하여 공인된 것은 인정하여 깨뜨리지 않으며, 과거로부터 공인되어온 것들도 마찬가지로 인정하여 준수한다. 공인되지 않은 것은 인정하지 않는다. ④과거로부터 공인된 것들을 인정하고 준수하여온 출가한 지 오래된 장로 비구(니)들을 승가의 지도자로서, 승가의 어버이로서, 승가의 어른으로서 존경하고 존중하고 숭상하고 예배하며 그들의 말을 경청한다. ⑤서로 화합하면서 만족하는 일상생활을 영위하고 청정범행을 닦아가되, 만약 어떤 비구(니)에게 감각적 오욕이 생기거나 있으면 그 비구(니)는 그것이 어떻게 생기거나 있는지 선명하게 알아차리고, 그것을 어떻게 없애는지 어떻게 생기지 않게 하는지를 선명하게 알아서 그것의 지배를 받지 않아야 한다. ⑥감각적 오욕의 지배를 벗어난 비구(니)는 개인거처에서의 자신의 범행에 대하여 깊은 관심을 기울인다. ⑦자신의 범행에 큰 관심을 갖고 사띠를 확립하여 아직 출가하지 않은 좋은 동료 수행자들을 출가하게 하고, 아직 오지 않은 좋은 동료 수행자들을 오게 하고, 이미 함께 생활하는 좋은 동료 수행자들을 편안히 머물게 한다.

이와 같은 일곱 가지 방법들이 동일한 범행처의 비구(니)들에게 정착되고 준수된다면 이러한 비구(니)들이 모여 있는 승단은 번영할 것이고 쇠퇴란 있을 수 없다.[22]

11.1
도반이여

도반이여,
마음은 감각적 욕망에
흠뻑 오염되어 있으면서
선정으로 나아가려 한다면
그릇된 선정으로 떨어지게 되나니,
그릇된 선정에 떨어지면
벗어나는 길은 요원하리니.

도반이여,
예전에 없던 감각적 욕망이

새로이 생겨나고
이미 있는 감각적 욕망이
점차 증장되고 강화되면
허영에 빠지거나 방일하며
자만하거나 거만하며
완고하거나 뻔뻔스러우며
속이거나 사기치며
시기질투하거나 인색하며
다른 사람들을 모욕하거나 얕잡아보며
성냄과 분노가 일어나
마음의 오염을 더욱 두텁게 하리니.

도반이여,
마음은 감각적 욕망에
흠뻑 오염되어 있으면서
마음의 오염을 더욱 두텁게 하면
이러한 사람은
세존의 정법을
이해하기 참으로 어렵나니,
어렵사리 이해하더라도

바르게 이해하지 않아
이미 있는 세존의 정법에 대한
신뢰와 믿음이 사라져 없어지는데
예전에 없던 신뢰와 믿음이
어찌 생기리요.

도반이여,
이러한 사람은
상세하게 가르치고 훈계하여도
참지 않고 견디지 않아
세존의 정법을 잘 받아들이기
어려운 자가 되나니
이러한 자는
상세하게 토론하고 공부하는
좋은 도반에게
이러저러한 핑계와 이유로써
성내거나 분노하며
모욕하거나 얕잡아보며
시기질투하거나 인색하며
속이거나 사기치며

자기 스스로도
완고하거나 뻔뻔스러우며
자만하거나 거만하며
허영에 빠지거나 방일하여
좋은 도반과 어울리지 못하고
멀어지게 되나니.

도반이여,
그리하여
이러한 자는
세속적으로 달콤하고 매혹적이며
세속적으로 즐겁고 재미있으며
세속적인 이익과 편리함이 있는
저열한 벗, 동료, 도반과
어울리게 되니,
이들과 어울리면서
함께 잡담하고 웃고 떠들고
함께 먹고 마시고
함께 놀고 즐기면서
두터운 마음의 오염을

더욱 공고히 하나니.

도반이여,
이러한 자는
마침내
자신의 오염된 마음을
인식의 한계로 삼아
이러한 자신의 인식 속에서
보고 듣고 느끼고 생각한 것을
자신의 견해로 삼고
자신의 견해에서
보고 듣고 느끼고 생각한 것을
고집하여
자신의 견해와 고집을
굳게 지키고
굳게 거머쥐어
쉽게 놓아버리지 못하는 자로
전락하나니.

도반이여,

이러한 자가
머물 수 있고 쉴 수 있고
짐을 내려놓을 수 있는
고향은
어디인가?

이러한 자가
목숨이 끊어지면
마음의 오염에 따라
돌아갈 수 있고
돌아오기를 기다려 주고
돌아오기를 반겨 주는
축생
지옥
악취가
그의 고향이라네.[23]

12
바른 수호와 그릇된 수호

적절한 범행처에서 좋은 도반과 사귀면서 바른 스승으로부터 정법을 만나서 성자의 반열에 올라 열반을 성취하는 바른 길로 나아가고자 하는 비구(니)는 ①법의 내용을 얕잡아보거나 무시하지 않으며 비난하려고 결점을 찾지 않아야 하며 ②법을 설명하는 이를 얕잡아보거나 무시하지 않으며 그에 대해 불만이나 분노를 품지 않아야 하며 ③자기 자신을 얕잡아보거나 무시하지 않아야 하며 ④법을 대할 때 마음에 산만함이 없이 마음을 가다듬어 관심과 주의를 온전히 기울여야 하며 ⑤잘 알지 못하는 내용에 대하여 스스로 잘 안다는 자만심이 없어야 한다. 이 다섯 가지 법에 대한 바른 태도를 구족한 비구(니)

는 정법을 만날 때 바른 길로 나아갈 수 있다.

만약 비구(니)가 이와 같이 법에 대한 바른 태도를 갖추지 않고 ①법의 내용을 얕잡아보고 무시하거나 비난하려고 결점을 찾는다면 ②법을 설명하는 이를 얕잡아보고 무시하거나 그에 대해 불만이나 분노를 품는다면 ③자기 자신을 얕잡아보거나 무시한다면 ④법을 대할 때 마음이 산만하고 관심과 주의를 기울이지 않는다면 ⑤잘 알지 못하는 내용에 대하여 스스로 잘 안다는 자만심이 있다면, 이러한 비구(니)는 법에 대한 바른 태도를 갖추지 못하여 정법을 만나더라도 바른 길로 나아갈 수 없다.[24]

정법을 확고하게 하고 정법을 혼란스럽지 않게 하고 정법을 무너뜨리지 않고 정법을 사라지지 않게 하기 위하여, 정법을 만난 비구(니)는 ①법을 듣거나 읽을 때 법을 존중하며 ②법을 배울 때 법을 존중하며 ③법을 호지할 때 법을 존중하며 ④법의 뜻을 깊이 사유할 때 법을 존중하며 ⑤법의 뜻을 통달하기 위하여 청정범행을 닦을 때 법을 존중하여야 한다. 이와 같이 할 때 정법을 바르게 수호하는 이 다섯 가지는 정법을 확고하게 하고 정법을 혼란스럽지 않게 하고 정법을 무너뜨리지 않고 정법을 사라지지 않게 한다.

만약 비구(니)가 ①법을 듣고 읽을 때 법을 존중하지 않는다면 ②법을 배울 때 법을 존중하지 않는다면 ③법을 호지할 때 법을 존중하지 않는다면 ④법의 뜻을 깊이 사유할 때 법을 존중하지 않는다면 ⑤법의 뜻을 통달하기 위하여 청정범행을 닦을 때 법을 존중하지 않는다면, 이러한 비구(니)는 정법을 바르게 수호하는 이 다섯 가지를 갖추지 못하여 정법을 혼란스럽게 하고 정법을 무너뜨리고 정법을 사라지게 한다.[25]

또한 정법을 확고하게 하고 정법을 혼란스럽지 않게 하고 정법을 무너뜨리지 않고 정법을 사라지지 않게 하기 위하여 비구(니)는 항상 법을 존중하면서 ⑥법을 배워야 하며 ⑦자신이 배운 법을 그대로 남에게 상세하게 설명하고 가르쳐야 하며 ⑧자신으로부터 상세하게 설명을 듣고 배운 사람이 다른 이들에게 자신에게 배운 법을 그대로 상세하게 설명할 수 있도록 허용하여야 하며 ⑨자신이 배운 법을 그대로 잊지 않고 항상 상세하게 기억하여야 하며 ⑩자신이 배운 법을 깊이 사유하고 고찰하고 숙고하여야 한다. 이와 같이 할 때 정법을 바르게 수호하는 이 다섯 가지는 정법을 확고하게 하고 정법을 혼란스럽지 않게 하고 정법을 무너뜨리지 않고 정법을 사라지지 않게 한다.

만약 비구(니)가 ⑥법을 배우지 않는다면 ⑦자신이 배운 법을 그대로 남에게 상세하게 설명하지도 가르치지도 않는다면

⑧자신으로부터 상세하게 설명을 듣고 배운 사람이 다른 이들에게 자신에게서 배운 법을 그대로 상세하게 설명하지 못하게 한다면 ⑨자신이 배운 법을 잊어버리고 상세하게 기억하지 못한다면 ⑩자신이 배운 법을 깊이 사유하지도 고찰하지도 숙고하지도 않는다면, 이러한 비구(니)는 정법을 바르게 수호하는 이 다섯 가지를 갖추지 못하여 정법을 혼란스럽게 하고 정법을 무너뜨리고 정법을 사라지게 한다.26

또한 정법을 확고하게 하고 정법을 혼란스럽지 않게 하고 정법을 무너뜨리지 않고 정법을 사라지지 않게 하기 위하여, 비구(니)는 항상 법을 존중하면서 ⑪법을 타인에게 상세하게 설명할 때 바른 단어와 바른 문장으로 그 뜻을 바르게 전달하여야 하며 ⑫상세하게 가르치고 훈계할 때 인내하여 수순隨順하게 받아들여야 하며 ⑬지금 세대 비구(니)들이 모두 죽더라도 그 다음 세대 비구(니)들에게 법이 바르게 전하여져 법의 뿌리가 잘려나가지 않고 법의 의지처를 잃어버리지 않도록 법을 부지런히 배우고 익혀서 배움과 가르침에 능통하고 법을 잘 호지하여야 하며 ⑭범행처에 생활필수품들을 쌓아두지 않고 만족한 일상생활 속에서 항상 법을 배우고 가르침에 일목요연하여야 하며, 법을 배우고 가르침에 일목요연한 일상생활 속에서 청정범행의 향상向上에 앞장서고 한거閑居의 임무를 내팽개치지 않고 아직 얻지 못한 것을 얻고 아직 증득하지 못한 것을 증득하고 아직 실현하지 못한 것을 실현하기 위하여 열의를 가지고 부지런히 정진하여야 하며, 그리하여 그 다음 세대 비구(니)들도 이러한 지금 세대 비구(니)들의 바른 견해들을 이어받도록 하여야 하며 ⑮서로 화합하고 서로 담소하여 분쟁하지 않으며 바른 견해를 함께 지녀서 서로 편안하게 머물러야 하며, 화합하여 서로서로 욕설하지 않고 서로서로 비방하지 않고 서로서로 담쌓지 않고 서로서로 버리지 않아야 하며, 이와 같이 화합하여 청정한 믿음이 없는 이들로 하여금 없던 믿음이 생기게 하여야 하고, 청정한 믿음이 있는 이들로 하여금 믿음이 더욱 증장하게 하여야 한다. 이와 같이 할 때 정법을 바르게 수호하는 이 다섯 가지는 정법을 확고하게 하고 정법을 혼란스럽지 않게 하고 정법을 무너뜨리지 않고 정법을 사라지지 않게 한다.

만약 비구(니)가 ⑪타인에게 법을 설할 때 그릇된 단어들과 그릇된 문장들로 그 뜻을 그릇되게 전달한다면 ⑫상세하게 가르치고 훈계할 때 인내하지 못하여 수순하게 받아들이지 못한다면 ⑬법을 배우지도 익히지도 않아서 배움과 가르침에 능통하지 못하고 법을 잘 호지하지도 못하여 지금 세대 비구(니)들이 모두 죽은 뒤에 그 다음 세대 비구(니)들에게 법이 바르게 전하여지지 못하여 법의 뿌리가 잘려나가고 법의 의지처를 잃어버리게 한다면 14 범행처에 생활필수품들을 쌓아두고 여러 가지 소임과 업무로 산만하고 바쁘고 지쳐서 법을 배우고 가르침에 일목요연하지 못한다면, 법의 배움과 가르침에 일목요연하지 못한 일상생활 속에서 청정범행의 퇴보에 앞장서고 한거의 임무를 내팽개치고 아직 얻지 못한 것을 여전히 얻지 못하고 아직 증득하지 못한 것을 여전히 증득하지 못하고 아직 실현하지 못한 것을 여전히 실현하지 못하여 열의가 없고 정진하지 않는다면, 그리하여 그 다음 세대 비구(니)들도 이러한 지금 세대 비구(니)들의 그릇된 견해들을 이어받게 한다면 15 서로서로 분열하여 서로서로 욕설하고 서로서로 비방하고 서로서로 고함치고 서로서로 담쌓고 서로서로 버린다면, 이와 같이 분열하여 청정한 믿음이 있는 이들로 하여금 믿음이 변하게 하거나 사라지게 하고, 청정한 믿음이 없는 이들로 하여금 신뢰가 생기지 않게 하고 불신이 일어나게 하여 등을 돌려 떠나게 한다. 이러한 비구(니)는 정법을 바르게 수호하는 다섯 가지를 갖추지 못하여 정법을 혼란스럽게 하고 정법을 무너뜨리고 정법을 사라지게 한다.[27]

 이와 같이 법에 대한 바른 태도를 구족하여 정법을 바르게 수호하는 비구(니)가 타인에게 법을 설명하고 가르칠 때, 타인에게 법을 설명하고 가르치는 것이 쉬운 일이 아님을 자각하여 내면으로 타인에게 법을 설명하고 가르치는 다섯 가지 바른 태도를 다짐하고 그러한 다짐들을 실현할 수 있는 실력과 능력을 확립한 후에 타인에게 법을 설명하고 가르쳐야 한다. '나는 ①쉽고 기초적인 가르침부터 시작하여 높고 미묘한 가르침까지 빠짐없이 차례대로 듣는 사람에게 맞게 설명하고 가르치며 ②설명하고 가르치는 내용에 대하여 그 의미와 속뜻을 전체 법의 구조 속에서 드러내면서 설명하고 가르치며 ③고해에서 고통 받는 중생들을 연민하여 고통으로부터 중생들이 스스로 벗어나게 하는 마음으로 설명하고 가르치며 ④생활필수품이나 재물이나 명예를 얻고자 법을 설명하지도 가르치지도 않으며 ⑤나 자신이나 타인을 칭찬하거나 멸시하지 않는 방법으로, 또한 나 자신이나 타인의 덕이나 명예를 해치지 않는 방법으로 법을 설명하고 가르치리라.' 이러한 다섯 가지 다짐을 내면으로 확립한 후에 타인에게 법을 설명하고 가르쳐야 한다.[28]

만약 비구(니)가 이와 같이 타인에게 법을 설하는 바른 태도를 갖추지 않고 ①법을 순차적으로 설하지 않는다면 ②법의 전체를 파악하지 못한 채 법의 어떤 부분만 반복적으로 설한다면 ③청중들을 설득하거나 세뇌하거나 강요하고자 하는 마음으로 설한다면 ④법을 설한 대가로 생활필수품이나 재물이나 명예를 얻고자 설한다면 ⑤타인들을 멸시하고 자신을 추켜세우는 방법으로 설한다면, 이러한 비구(니)는 타인에게 법을 바르게 설하는 태도를 확립하지 못한 것이다. 따라서 이러한 비구(니)는 타인에게 법을 설하지 말아야 하며, 구법자들은 이러한 비구(니)가 설하는 법에 귀를 기울이지 말아야 한다.

13
불자들이여, 세존의 법을 설하라

불자들이여,
세존께서는
이와 같이 말씀하셨나니.

"비구들이여,
나는
인간과 천상에 있는
모든 올가미에서 벗어났다.
그대들도
인간과 천상에 있는

모든 올가미에서 벗어났다.

비구들이여,
귀 기울이는
많은 이들의 이상을 위하고
많은 이들의 이익을 위하고
많은 이들의 행복을 위하고
신과 세상의
이상과 이익과 행복을 위하여
유행을 떠나라.
둘이서
같은 길로 가지 말라.

비구들이여,
유행하면서
여래의 법을 설하라.
시작도 훌륭하고
중간도 훌륭하고
끝도 훌륭하게
여래의 법을 설하라.

의미와 표현을 잘 갖추어
여래의 법을 설하라.

비구들이여,
여래의 법을 설하면서
그대들은
더할 나위 없이 완벽하고
지극히 청정한
범행을 드러내어라.

비구들이여,
눈에 먼지가 적게 낀 중생들이 있나니
만약 그들이
여래의 법을 듣지 않으면
타락하여 파멸할 것이나
만약 그들이
여래의 법을 듣고
범행을 닦으면
청정하여 불사를 얻으리라.

비구들이여,
그대들처럼
나도
홀로
유행을 떠나리라.
우루웰라에 있는 장군촌으로 가서
법을 설하리라."[29]

불자들이여,
세존께서
비구들에게 말씀하신 것처럼
그대들도
세존의 법을 설하라.

인간 세상에 대한
탐욕과 싫어함을 버리고
일상생활에 만족하며
세존의 법을
바르게 이해하는
불자들은

세존의 법을 설하라.

불자들이여,
귀 기울이는
많은 이들의 이상을 위하고
많은 이들의 이익을 위하고
많은 이들의 행복을 위하고
신과 세상의
이상과 이익과 행복을 위하여
귀 기울이는
많은 이들에게 다가가라.

불자들이여,
귀 기울이는
많은 이들에게 다가가
세존의 법을 설하라.
시작도 훌륭하고
중간도 훌륭하고
끝도 훌륭하게
세존의 법을 설하라.

의미와 표현을 잘 갖추어
세존의 법을 설하라.

불자들이여,
세존의 법을 설하면서
그대들은
더할 나위 없이 완벽하고
지극히 청정한
계행을 드러내어라.

불자들이여,
눈에 먼지가 적게 낀 중생들이 있나니
만약 그들이
세존의 법을 듣지 않으면
타락하여 파멸할 것이나
만약 그들이
세존의 법을 듣고
계행을 갖추고
범행을 닦으면
청정하여 불사를 얻으리라.

불자들이여,
그대들처럼
비구들도
홀로
유행을 떠나면서
귀 기울이는
많은 이들에게
세존의 법을 설하리라.

불자들이여,
세존의 가르침에 따라
법을 설하는
비구처럼
그대들도
이와 같이
세존의 법을 설하라.

如是我讀

3부
영원한 고향 열반의 길

이 세상과 저 세상
마라의 영역과 마라의 영역이 아닌 것
생사의 영역과 생사의 영역이 아닌 것
능숙하게 알아
분명하게 밝혔나니
일체의 세상과 영역을
최상의 지혜로 보고 아는
정등각자
신과 세상의
이익과 행복을 위하여
열반으로 이끄나니
비구들이여
저 언덕으로 건너가는
안온한 불사 不死의 문을 열었노라
저 언덕을 가로막는
불행과 괴로움의 흐름
막고 부수었고 황폐하게 만들었나니
크게 기뻐하라
비구들이여
이제 이익과 행복을 바라고
안온을 바랄지어다
이제 열반으로 나아가
저 언덕으로 건너갈지어다 [30]

14
진정한 비구(니)

비구(니)들이여, 그대들은 '비구(니)'나 '출가수행자'로 호칭되고 자칭하므로, 그대들을 진정한 비구(니)로 만들고 진정한 출가수행자로 만드는 법들을 받아들여 닦아야 한다. 그리하여 그대들의 호칭이 거짓되지 않고 진실되며, 그대들의 자칭이 거짓되지 않고 진실되며, 그대들이 사용하는 청정한 생활필수품인 탁발음식, 물들인 옷, 개인거처, 의약품을 보시한 이들에게 큰 공덕이 생기게 하며, 이 출가가 헛되지 않아 출가의 목적을 성취하게 된다.

비구(니)들이여, 출가의 목적을 추구하는 그대들은 출가수행자로서 ①양심과 수치심을 지녀야 한다. 그리고 양심과 수

치심을 잘 지녀서 청정하다고 하여 그것으로 결코 자신을 칭찬하거나 남을 비난하지 않아야 한다. ②몸의 행위를 청정하게 하고 분명하게 하고 선명하게 하고 흠 없게 하고 절제하여 행하여야 한다. 그리고 몸의 행위가 청정하다고 하여 그것으로 결코 자신을 칭찬하거나 남을 비난하지 않아야 한다. ③말의 행위를 청정하게 하고 분명하게 하고 선명하게 하고 흠 없게 하고 절제하여 행하여야 한다. 그리고 말의 행위가 청정하다고 하여 그것으로 결코 자신을 칭찬하거나 남을 비난하지 않아야 한다. ④마음의 행위를 청정하게 하고 분명하게 하고 선명하게 하고 흠 없게 하고 절제하여 행하여야 한다. 그리고 마음의 행위가 청정하다고 하여 그것으로 결코 자신을 칭찬하거나 남을 비난하지 않아야 한다.

⑤탁발음식에 적당한 양을 알고 지혜롭게 숙고하면서 수용하여야 한다. 그것은 즐기기 위해서도 아니고, 섭취하기 위해서도 아니며, 치장하기 위해서도 아니고, 장식하기 위해서도 아니며, 단지 이 몸을 지탱하게 하고 존속하게 하고 잔인함을 쉬게 하고 청정범행을 잘 지키기 위함이다. 그리하여 오래된 배고픔의 느낌을 물리치고 새로운 배부름의 느낌을 일어나게 하지 않을 것이다. 그대들은 잘 부양될 것이고 비난받는 일 없이 편안하게 머물 것이다. 이와 같이 탁발음식을 수용하여 생

계수단을 청정하게 하고 분명하게 하고 선명하게 하고 흠 없게 하고 절제하여 행하여야 한다. 그리고 생계수단이 청정하다고 하여 그것으로 결코 자신을 칭찬하거나 남을 비난하지 않아야 한다. ⑥그 밖에 생활필수품인 물들인 옷과 개인거처와 의약품을 수용하되 청정하게 하고 분명하게 하고 선명하게 하고 흠 없게 하고 절제하여 행하여야 한다. 그리고 수용한 생활필수품이 청정하다고 하여 그것으로 결코 자신을 칭찬하거나 남을 비난하지 않아야 한다. ⑦범행처에서의 만족한 일상생활을 청정하게 하고 분명하게 하고 선명하게 하고 흠 없게 하고 절제하여 행하여야 한다. 그리고 만족한 일상생활이 청정하다고 하여 그것으로 결코 자신을 칭찬하거나 남을 비난하지 않아야 한다.

⑧감각의 대문을 잘 관찰하여 지키고 단속하여야 한다. 눈으로 갖가지 형상들을 볼 때, 귀로 갖가지 소리를 들을 때, 코로 갖가지 냄새를 맡을 때, 혀로 갖가지 맛을 볼 때, 몸으로 갖가지 감촉을 느낄 때, 의식으로 갖가지 법을 인식할 때, 그 대상들을 취하지 않도록 육근의 감각기능들을 관찰하여 지키고 단속하고 제어하고 방호하고 통제하여야 한다. 만약 육경을 취하여 감각적 욕망이 생기거나 있으면 육근의 단속을 통하여 감각적 욕망을 통제하여야 하며, 아직 일어나지 않은 감각

적 욕망이 지속적으로 일어나지 않도록 육근을 잘 지켜나가야 한다. 이와 같이 감각의 대문을 청정하게 하고 분명하게 하고 선명하게 하고 흠 없게 하고 절제하여 행하여야 한다. 그리고 감각의 대문이 청정하다고 하여 그것으로 결코 자신을 칭찬하거나 남을 비난하지 않아야 한다.

⑨세상에 대한 탐욕과 싫어함을 버리고 초연하게 지내면서 바르게 앉아 상체를 곧추세우고 전면前面에 사띠를 일으켜 세워 확립한다. 또한 걸을 때에도, 머물 때에도, 누워 있을 때에도 오직 사띠를 확립하면서 행한다. 일상생활의 다른 모든 행동을 할 때에도 오직 사띠를 확립하면서 이러저러한 행동을 한다. 잘 확립된 사띠만 현전하고 이러한 현전이 잊혀지지 않도록 한다. 이와 같이 사띠의 확립을 청정하게 하고 분명하게 하고 선명하게 하고 흠 없게 하고 절제하여 행하여야 한다. 그리고 사띠의 확립이 청정하다고 하여 그것으로 결코 자신을 칭찬하거나 남을 비난하지 않아야 한다.

⑩확립된 사띠를 무너뜨리고 사띠를 선명히 알아차리는 마음을 덮어 버리는 오개五蓋 즉 감각적 오욕五欲, 악의惡意, 해태懈怠와 혼침昏沈, 의심疑心, 들뜸〔掉擧〕과 후회後悔가 생기거나 있으면 그것을 제거하고 버려야 한다. 오개가 아직 제거되지 못하였을 때에는 자신을 빚을 진 사람, 중병에 걸린 사람, 감옥

에 갇힌 사람, 남에게 종속된 사람, 위험한 사막을 건너는 사람으로 여기게 되지만, 오개가 제거되었을 때에는 자신을 빚 갚아 빚 없는 사람, 완쾌되어 병 없는 사람, 감옥에서 풀려난 사람, 구속에서 풀려나 자유로운 사람, 안전한 곳에 이른 사람으로 여기게 된다. 자신에게서 오개가 버려지고 제거되었음을 알아차릴 때 환희가 생긴다. 자신에게서 버려지고 제거된 오개가 다시 반복되어 생기지 않는 것을 확신할 때 기쁨과 행복이 생기고 기쁨과 행복이 가득하다. 오개의 제거를 청정하게 하고 분명하게 하고 선명하게 하고 흠 없게 하고 절제하여 행하여야 한다. 그리고 오개의 제거로 자신이 청정하다고 하여 그것으로 결코 자신을 칭찬하거나 남을 비난하지 않아야 한다.

⑪오개의 첫째인 감각적 욕망을 완전히 떨쳐버리고 해로운 법들을 떨쳐버린 뒤, 일으킨 생각과 지속적 고찰이 있고 떨쳐버림에서 생긴 기쁨[喜]과 행복[樂]이 있는 이생희락지離生喜樂地의 초선정初禪定을 구족하여 머문다. 초선정을 벗어나 ⑫일으킨 생각과 지속적 고찰이 가라앉아 더 이상 존재하지 않으므로 마음은 단일하고 더욱 고요하며, 이러한 고요에서 생긴 기쁨과 행복이 있는 정생희락지靜生喜樂地의 제2선정을 구족하여 머문다. 제2선정을 벗어나 ⑬다양한 기쁨과 행복에 대한 욕을

버림으로써 마음의 평정이 일어나고 사띠가 확립되며, 다양한 기쁨과 행복이 사라짐에서 생긴 묘한 행복이 있는 이희묘락지離喜妙樂地의 제3선정을 구족하여 머문다. 제3선정을 벗어나 ⑭묘한 행복에 대한 미세한 욕을 버림으로써 마음의 평정과 사띠가 강화되며, 모든 욕과 희우고락의 느낌이 사라짐에서 생긴 심해탈이 있는 사념청정지捨念淸淨地의 제4선정을 구족하여 머문다.

제4선정까지 차례로 성취하여 심해탈을 이루어 마음이 청정하고, 모든 욕과 미세한 욕이 사라지고 모든 희우와 고락의 수受가 사라져 마음이 깨끗하고, 사라지되 완전히 사라져 마음에 흠과 결이 없고, 다시 생겨나지 않도록 완전히 사라져 오염원까지 사라지고 없으며, 어떠한 내면의 인식대상에도 머물지도 의지하지도 않으므로 마음이 부드럽고, 범행을 진행하기에 마음이 적합하고, 어떠한 내면의 인식대상으로도 마음이 동요되거나 움직이지 않아 매우 안정되고 흔들림 없는 부동심을 이루었을 때, 마음이 차례대로 전생을 기억하는 지혜인 숙명통宿命通을 향하고, 중생들의 죽음과 다시 태어남을 아는 지혜인 천안통天眼通을 향하고, 모든 번뇌를 소멸하는 지혜인 누진통漏盡通을 향한다.

⑮마음이 숙명통으로 향하거나 기울면, 수많은 자신의 전

생들을 기억한다. 자신의 전생들 중에서 한 전생, 두 전생, 세 전생, 네 전생, 다섯 전생, 열 전생, 스무 전생, 서른 전생, 마흔 전생, 쉰 전생, 백 전생, 천 전생, 만 전생, 십만 전생, 혹은 우주가 팽창하여 형성되는 성겁 동안의 전생, 우주가 수축하여 소멸하는 괴겁 동안의 전생, 우주가 팽창하고 수축하는 대겁 동안의 전생들을 기억한다. 이와 같이 기억하는 모든 전생들의 삶 속에서 그는 '어떤 곳에 태어나 어떤 이름을 가졌고, 어떤 종족에 속하였으며, 어떤 용모를 지녔고, 어떤 음식을 먹었으며, 어떠한 고통과 행복을 겪었고, 몇 살까지 살았으며, 그곳에서 죽어서 다른 어떤 곳에 태어났다'는 것을 그 특징과 더불어 상세하게 기억한다. 이와 같이 자신의 전생들을 기억하는 것은 마치 자신의 마을에서 다른 마을로 여행을 갔다가 다시 자신의 마을로 돌아와 다른 마을에 있었던 일들을 그 특징과 더불어 상세하게 기억하는 것과 같다.

⑯마음이 천안통으로 향하거나 기울면, 육안肉眼을 넘어선 청정하고 신성한 천안天眼으로 육안의 시야에 나타나지 않는 것들을 마치 육안으로 보는 것처럼 볼 수 있을 뿐만 아니라 중생들의 죽음과 다시 태어남을 보고 안다. 육신의 피부로 가려져 있는 것들, 땅의 표면으로 가려져 있는 것들, 벽과 담과 산으로 가려져 있는 것들, 다른 차원의 세계에 속하여 육안으로

볼 수 없는 것들을 볼 수 있다. 또한 중생들이 미래에 죽어서 다시 태어날 때 그들이 스스로 지은 선업에 따라 선처에 태어나는 것을, 혹은 악업에 따라 악처에 태어나는 것을 보고 안다. 인간으로 태어날 때 잘생기게 태어나거나 혹은 못생기게 태어나는 것을 보고 알며, 천박하게 태어나거나 혹은 고귀하게 태어나는 것을 보고 안다. 몸과 입과 마음으로 악법이나 불선법들을 골고루 짓거나, 성자들을 비방하거나, 삿된 견해를 지녀 사견으로 업을 짓는다면, 죽어서 다시 태어날 때 비참한 곳, 악처, 파멸처인 지옥에 태어난다. 그러나 몸과 입과 마음으로 선법을 골고루 짓거나, 성자들을 비방하지 않거나, 바른 견해를 지녀 정견으로 업을 짓는다면 죽어서 다시 태어날 때 선처인 천상세계에 태어난다. 이와 같이 천안으로 미래의 일을 보고 아는 것은 마치 사거리의 높은 곳에서 내려다보며 사람들이 오고가는 것을 보고 아는 것과도 같다.

⑰마음이 누진통으로 향하거나 기울면, 멸진정減盡定에 이르러 모든 번뇌〔漏〕를 소멸한다. '이것이 바로 괴로움이다'라고 있는 그대로 알며, '이것이 바로 괴로움이 일어나는 바탕이다'라고 있는 그대로 알며, '이것이 바로 괴로움이 일어나는 바탕이 사라지는 소멸이다'라고 있는 그대로 알며, '이것이 바로 괴로움이 일어나는 바탕이 사라지는 소멸로 인도하는 길이다'

라고 있는 그대로 안다. 또한 '이것이 바로 번뇌이다'라고 있는 그대로 알며, '이것이 바로 번뇌가 일어나는 바탕이다'라고 있는 그대로 알며, '이것이 바로 번뇌가 일어나는 바탕이 사라지는 소멸이다'라고 있는 그대로 알며, '이것이 바로 번뇌가 일어나는 바탕이 사라지는 소멸로 인도하는 길이다'라고 있는 그대로 안다. 이와 같이 사성제를 보고 아는 것은 마치 깊은 산 속의 맑고 잔잔한 호숫가에서 물속의 조개껍질, 조약돌, 모래, 수초, 물고기들이 움직이는 것을 보고 아는 것과 같다. 사성제를 있는 그대로 보고 알아 모든 번뇌(漏)를 소멸한다. 욕루欲漏를 소멸하여 오욕으로부터 마음이 해탈하고, 유루有漏를 소멸하여 수受로부터 마음이 해탈하며, 무명루無明漏를 소멸하여 상想으로부터 마음이 해탈한다.

⑱모든 번뇌를 소멸하고 모든 해탈을 이루며 최상의 지혜를 실현하고 위없는 바른 깨달음을 성취하여 해야 할 일을 다 해 마쳐 열반에 도달하여 머문다. 이렇게 출가의 목적을 성취한 비구(니)가 진정한 비구(니)이다. 이러한 비구(니)를 두고 진정한 출가수행자라고도 하고, 목욕을 마친 자라고도 하고, 바른 법에 통달한 자라고도 하고, 청정한 자라고도 하고, 성스러운 자라고도 하고, 아라한이라고도 한다.[31]

15
쇠퇴하는 법과 쇠퇴하지 않는 법

여기 여섯 가지 법이 있어, 유학有學인 비구(니)를 쇠퇴하게 한다. 무엇이 그 여섯인가? 유학인 비구(니)가 ①잡다한 일들에 대하여 일하기를 좋아하는 것이다. 세상에 관련된 일이나 세상 사람들과 관련된 일뿐만 아니라 범행처에 관련된 일이나 다른 비구(니)들 또는 승가에 관련된 일들에 대하여 일하는 것을 좋아하고 일하는 것으로 칭송받기를 좋아하고 일하는 것으로 만족한다. 이러한 비구(니)는 쇠퇴하고 쇠퇴를 피할 수 없다. ②세상 사람들이나 다른 비구(니)들과 무리 짓기를 좋아하는 것이다. 이러저러한 연유로 함께 모여서 서로서로 무리를 지어 지내는 것을 좋아하고 만족한다. 이러한 비구(니)

는 쇠퇴하고 쇠퇴를 피할 수 없다. ③말하기를 좋아하는 것이다. 세상에 관련된 말이나 세상 사람들과 관련된 말뿐만 아니라 범행처에 관련된 말이나 다른 비구(니)들 또는 승가에 관련된 말들에 대하여 말하는 것을 좋아하고 말하는 것으로 칭송받기를 좋아하고 말하는 것으로 만족한다. 이러한 비구(니)는 쇠퇴하고 쇠퇴를 피할 수 없다. ④음식에 적당한 양을 알지 못하는 것이다. 좋아하고 맛있는 음식을 원하는 대로 배불리 먹는 것을 즐기고 좋아하고 만족한다. 이러한 비구(니)는 쇠퇴하고 쇠퇴를 피할 수 없다. ⑤잠자기를 좋아하는 것이다. 잡다한 일들과 다언多言 또는 과식으로 피로해지거나 범행에 적절한 열의로 정진하지 않아 게을러져서 수시로 꾸벅꾸벅 졸거나 수시로 자거나 잠에 취해 자는 것을 즐기고 좋아하고 만족한다. 이러한 비구(니)는 쇠퇴하고 쇠퇴를 피할 수 없다. ⑥감각의 대문을 단속하지 않고 보호하지 않는 것이다. 감각의 대문을 자신의 것으로 여기면서 눈으로 보는 대로, 귀로 듣는 대로, 코로 냄새 맡는 대로, 입으로 맛보는 대로, 몸으로 느끼는 대로, 혹은 의식으로 생각하는 대로 즐기며, 이렇게 즐기는 것을 갈구하고 탐닉하고 좋아하고 만족한다. 이러한 비구(니)는 쇠퇴하고 쇠퇴를 피할 수 없다. 이러한 여섯 가지 법은 유학인 비구(니)를 쇠퇴하게 하고 유학인 비구(니)가 쇠퇴하는 것을 피할 수 없게 한다.

 그러나 여기 여섯 가지 법이 있어, 유학인 비구(니)를 쇠퇴하지 않게 한다. 무엇이 그 여섯인가? ①잡다한 일들에 대하여 일하기를 좋아하지 않으며 ②세상 사람들이나 다른 비구(니)들과 무리 짓기를 좋아하지 않으며 ③말하기를 좋아하지 않으며 ④음식에 적당한 양을 알며 ⑤잠자기를 좋아하지 않으며 ⑥감각의 대문을 단속하고 보호한다. 이러한 여섯 가지 법은 유학인 비구(니)를 쇠퇴하지 않게 한다.[32]

16
감각의 대문

적절한 범행처에서 계를 구족한 비구(니)들은 좋은 도반들과 서로 사귀고 화합하면서 만족한 일상생활을 갖추어야 한다. 만족한 일상생활을 영위하면서 훈습된 감각의 대문을 잘 관찰하여 지키고 단속하고 제어하고 통제하여야 한다. 감각의 대문을 단속하는 것은 오개와 십결 가운데 가장 먼저 떨쳐버려야 하는 감각적 오욕을 관찰하고 파악하고 통제하기 위함이다. 통제하지 못하는 감각적 오욕은 떨쳐버릴 수 없기 때문이며, 파악하지 못하는 감각적 오욕은 통제할 수 없기 때문이며, 관찰하지 못하는 감각적 오욕은 파악할 수 없기 때문이다. 감각의 대문을 관찰하여 지키고 단속하고 제어하고 통제하여 감각의 대문으로 출입하는 감각적 오욕을 관찰하고 파악하고 통제하여 마침내 감각적 오욕을 떨쳐버려야 한다.

만약 어떤 사람이 일상생활 속에서 육근이라는 감각의 대문을 자신의 것으로 여기면서 눈으로 보는 대로, 귀로 듣는 대로, 코로 냄새 맡는 대로, 입으로 맛보는 대로, 몸으로 느끼는 대로, 혹은 의식으로 생각하는 대로 즐기고 이렇게 즐기는 것을 갈구하고 탐닉하고 그 달콤함에 빠져 생활한다면, 이 사람은 감각의 대문을 활짝 열어놓고 감각의 대상에 함몰되어 감각의 대문을 관찰하지 못하고 지키지 못하고 단속하지 못하는 것이다. 감각의 대상에 함몰되어 있는 세속적인 일상생활 속에서 익숙해진 생활양식과 생활습관을 버리고, 감각의 대문을 단속할 수 있는 생활양식과 생활습관을 적절한 범행처에서의 만족한 일상생활 속에서 갖추어야 한다.

세속생활을 벗어나 출가하여 범행처로 나아간 출가수행자 가운데에는 범행처의 일상생활에 만족하지 못하고 더 나은 범행처를 만들기 위하여 혹은 더욱 안정적인 범행처의 일상생활을 만들기 위하여 범행처의 환경이나 의식주를 개선하고자 노력하는 이들이 있다. 또는 범행처와 범행처의 일상생활을 유지관리하기 위하여 노력하는 이들도 있다. 나아가 자신이 속한 단체의 대의를 위하여 헌신하는 생활을 하기도 한다. 이러한 범행자는 범행처에서 범행을 위한 생활을 한다고 생각하나 그것은 착각이다. 감각대상이 세속적인 것에서 비세속적인 것으로 바뀌었을 뿐, 세속적이든 비세속적이든 모든 감각의 대상에서 벗어나 오직 감각의 대문을 관찰하고 지키고 단속하는 생활로 바뀌지 않았기 때문이다. 이러한 범행자는 아무리 오랜 기간 범행처에서 비세속적인 생활을 하면서 노력하고 수행하고 고행하여도 감각의 대문을 단속하지 못한다.

따라서 감각의 대문을 단속하고자 하는 범행자는 범행처에서 만족한 일상생활을 먼저 갖추어야 한다. 만족한 일상생활은 범행자가 생존할 수 있는 최소한의 생활필수품과 가장 검소하고 간편한 의식주로 이루어진다. 생활필수품과 의식주를 위하여 소비하는 시간과 노력을 최소화하는 생활, 즉 최소한의 시간과 노력으로 생존하면서 나머지 모든 시간과 노력을 범행에 전념하는 생활이 곧 범행처에서의 만족한 일상생활이다. 범행처의 소박한 일상생활에 만족하는 소욕지족少欲之足으로 안주하는 것이 아니라 범행처의 일상생활이 더 이상 범행자를 구속하지 못하고 범행에 어떠한 장애도 되지 않는 것이 만족한 일상생활이다.

일상생활의 구속에서 벗어난 범행자는 눈의 감각의 대문을 잘 관찰하여 지키고 단속하여야 한다. 범행자는 눈으로 갖가지 형상을 볼 때 그 형상들의 전체 모습이나 부분적인 세세한 모습을 취하지 않도록 안근을 관찰하여 지키고 단속하고 제어하고 방호하고 통제하여야 한다. 만약 그러지 못하고 형상을 취하면 그 형상에는 원하고 좋아하고 마음에 들고 사랑스럽고 달콤하고 매혹적인 것들이 있어 고락苦樂, 시비是非, 호오好惡, 미추美醜, 이해利害의 분별이 물밀듯이 흘러들어오고 그것들을 자아로 취착하므로 갖가지 탐욕이 불길처럼 일어난다. 이것이 눈의 감각적 욕망이니, 눈의 감각적 욕망에 묶이고 홀리고 빠져서 그것의 위험을 보지 못하고 그것의 벗어남을 알지 못한 채 그것을 탐닉한다.

그러나 눈으로 보는 모든 형상들은 무상하고, 무상한 것은 무아이며 고苦이다. 따라서 범행자는 눈으로 갖가지 형상들을 볼 때 형상을 취하지 않고 단지 형상을 있는 그대로 본다. 이것은 마치 갖가지 형상들이 거울에 비추어질 뿐 거울은 그 어떠한 형상도 취하지 않는 것과 같다. 눈으로 보는 형상을 취하는 것은 형상을 갈구하고 탐착하고 애착하여 형상을 자아로 취착하기 때문이다. 이와 같이 범행자는 눈으로 보는 형상을 취하지 않고 안근을 잘 지켜야 한다.

안근과 마찬가지로 육근의 감각대상인 육경을 취하지 않고 육근을 잘 지켜야 한다. 만약 육경을 취하여 감각적 욕망이 생기거나 있으면 육근의 단속을 통하여 감각적 욕망을 통제하여야 하며, 아직 일어나지 않은 감각적 욕망이 지속적으로 일어나지 않도록 열의를 가지고 육근을 잘 지켜나가야 한다. 이와 같이 감각의 대문을 잘 단속할 때 범행자는 더 이상 더럽혀지지 않고 오염되지 않는 내면의 행복을 느끼게 된다.[33]

17
몸에 대한 사띠의 확립

계를 지키며 만족한 일상생활을 갖추고 감각의 대문을 단속한 뒤, 성스러운 제자는 일없는 곳의 적절한 범행처에 의지하여 세상에 대한 탐욕과 싫어함을 버리고 초연하게 지내면서 사띠를 확립하여야 한다. 가르침에 따라 바르게 앉아 상체를 곧추세우고 전면前面에 사띠를 일으켜 세워 확립하되, 그것을 선명히 알아차리고 열심히 하여 끊임없이 지속시켜야 한다.

성스러운 제자는 이와 같이 어떤 경우든지 오직 사띠를 확립하면서 숨을 들이쉬고 오직 사띠를 확립하면서 숨을 내쉰다. '①숨을 길게 들이쉴 때 길게 들이쉰다고 선명하게 알고, 길게 내쉴 때 길게 내쉰다고 선명하게 안다. ②숨을 짧게 들이쉴 때 짧게 들이쉰다고 선명하게 알고, 짧게 내쉴 때 짧게 내쉰다고 선명하게 안다. ③숨을 들이쉴 때 온몸을 경험하면서 숨을 들이쉬고, 숨을 내쉴 때 온몸을 경험하면서 숨을 내쉰다. ④숨을 들이쉴 때 온몸의 작용(身行)의 평온을 경험하면서 숨을 들이쉬고, 숨을 내쉴 때 온몸의 작용의 평온을 경험하면서 숨을 내쉰다.'

또한 성스러운 제자는 이와 같이 어떤 경우든지 오직 사띠를 확립하면서 몸의 구성과 구성성분을 주시하며 머문다. 몸은 머리카락·몸털·손발톱·이·피부, 살·근육·뼈·골수, 신장·심장·간장·늑막·비장·폐, 큰창자·작은창자·위장·배설물, 뇌수·담즙·가래·고름·피·땀·지방, 눈물·유액·침·콧물·관절액·오줌으로 구성되어 있으며, 땅(地)·물(水)·불(火)·바람(風)·공간(空)의 내적 구성성분으로 이루어져 있음을 선명하게 알아차린다.

①내적 구성성분의 땅이란 무엇인가? 몸의 내부에 속하는 것으로 고체, 고체처럼 견고해진 것, 서로 밀착하여 덩어리처럼 붙은 것으로 머리카락·몸털·손발톱·이·피부, 살·근육·뼈·골수, 신장·심장·간장·늑막·비장·폐, 큰창자·작은창자·위장·배설물, 그 밖에 고체, 고체처럼 견고해진 것, 서로 밀착하여 덩어리처럼 붙은 것은 무엇이든 내적 구성성분

의 땅이라고 한다.

②내적 구성성분의 물이란 무엇인가? 몸의 내부에 속하는 것으로 액체, 액체처럼 습한 것, 서로 밀착하여 액체처럼 고인 것으로 뇌수·담즙·가래·고름·피·땀·지방, 눈물·유액·침·콧물·관절액·오줌, 그 밖에 액체, 액체처럼 습한 것, 서로 밀착하여 액체처럼 고인 것은 무엇이든 내적 구성성분의 물이라고 한다.

③내적 구성성분의 불이란 무엇인가? 몸의 내부에 속하는 것으로 화기火氣, 화기처럼 뜨거운 것, 서로 밀착하여 불처럼 온기가 있는 것으로 따뜻하게 하는 것, 늙게 하는 것, 소진消盡되게 하는 것, 먹고 마시고 섭취하고 맛본 것들을 완전히 소화시키는 것, 그 밖에 화기, 화기처럼 뜨거운 것, 서로 밀착하여 불처럼 온기가 있는 것은 무엇이든 내적 구성성분의 불이라고 한다.

④내적 구성성분의 바람이란 무엇인가? 몸의 내부에 속하는 것으로 기체, 기체와 같은 것, 서로 밀착하여 기체처럼 움직이는 것으로 들숨, 날숨, 올라가는 바람, 내려가는 바람, 복부에 있는 바람, 창자에 있는 바람, 사지四肢로 부는 바람, 그 밖에 기체, 기체와 같은 것, 서로 밀착하여 기체처럼 움직이는 것은 무엇이든 내적 구성성분의 바람이라고 한다.

⑤내적 구성성분의 공간이란 무엇인가? 몸의 내부에 속하는 것으로 공간, 공간과 같은 것, 서로 밀착하여 공간처럼 비어있는 것으로 귓구멍, 콧구멍, 입안의 공간, 먹고 마시고 섭취하고 맛본 것들이 넘어가는 목구멍, 그것들이 모이는 공간, 그것들이 아래로 배설되는 공간, 그 밖에 공간, 공간과 같은 것, 서로 밀착되어 공간처럼 비어있는 것은 무엇이든 내적 구성성분의 공간이라고 한다.

그런데 이처럼 몸의 구성과 구성성분을 있는 그대로 선명하게 주시하고자 하여도 그렇게 되지 않는 경우가 있다. 이런 경우 성스러운 제자는 땅·물·불·바람·공간과 같은 범행을 먼저 닦아서 몸에 대하여 '이것은 나의 것이 아니다, 이것은 나의 몸이 아니다, 이것은 나의 자아가 아니다'라고 있는 그대로 선명하게 보고 알아야 한다. 어떻게 땅·물·불·바람·공간과 같은 범행을 닦는가?

내적 구성성분의 땅이든 외적 구성성분의 땅이든 그것은 단지 땅일 뿐이다. 사람들이 땅에 깨끗한 것, 더러운 것, 똥, 오줌, 침, 고름, 피를 버리지만 그로 인해 땅은 좋아하거나 거부하거나 모욕당하거나 혐오하지 않는다. 이와 같이 땅을 직시하여 땅과 같은 수행을 닦는다. 땅을 직시하여 땅과 같은 수행을 닦으면 마음에 드는 감각접촉과 마음에 들지 않는 감각접촉이 일어나더라도 마음을 사로잡아 마음에 남아 있지 않게 된다. 나아가 땅에 대하여 '이것은 나의 것이 아니다, 이것은 나의 몸이 아니다, 이것은 나의 자아가 아니다'라고 있는 그대로 직시하게 된다. 이와 같이 있는 그대로 직시할 때 마음이 땅에서 벗어나고 땅으로 인해 오염되지 않은 채 땅을 선명하게 주시하게 된다.

내적 구성성분의 물이든 외적 구성성분의 물이든 그것은 단지 물일 뿐이다. 사람들이 물에 깨끗한 것, 더러운 것, 똥, 오줌, 침, 고름, 피를 씻지만 그로 인해 물은 좋아하거나 거부하거나 모욕당하거나 혐오하지 않는다. 이와 같이 물을 직시하여 물과 같은 수행을 닦는다. 물을 직시하여 물과 같은 수행을 닦으면 마음에 드는 감각접촉과 마음에 들지 않는 감각접촉이 일어나더라도 마음을 사로잡아 마음에 남아 있지 않게 된다. 나아가 물에 대하여 '이것은 나의 것이 아니다, 이것은 나의 몸이 아니다, 이것은 나의 자아가 아니다'라고 있는 그대로 직시하게 된다. 이와 같이 있는 그대로 직시할 때 마음이 물에서 벗어나고 물로 인해 오염되지 않은 채 물을 선명하게 주시하게 된다.

내적 구성성분의 불이든 외적 구성성분의 불이든 그것은 단지 불일 뿐이다. 사람들이 불에 깨끗한 것, 더러운 것, 똥, 오줌, 침, 고름, 피를 태우지만 그로 인해 불은 좋아하거나 거부하거나 모욕당하거나 혐오하지 않는다. 이와 같이 불을 직시하여 불과 같은 수행을 닦는다. 불을 직시하여 불과 같은 수행을 닦으면 마음에 드는 감각접촉과 마음에 들지 않는 감각접촉이 일어나더라도 마음을 사로잡아 마음에 남아 있지 않게 된다. 나아가 불에 대하여 '이것은 나의 것이 아니다, 이것은 나의 몸이 아니다, 이것은 나의 자아가 아니다'라고 있는 그대로 직시하게 된다. 이와 같이 있는 그대로 직시할 때 마음이 불에서 벗어나고 불로 인해 오염되지 않은 채 불을 선명하게 주시하게 된다.

내적 구성성분의 바람이든 외적 구성성분의 바람이든 그것은 단지 바람일 뿐이다. 바람이 깨끗한 것, 더러운 것, 똥, 오줌, 침, 고름, 피를 향하여 불어 가지만 그로 인해 바람은 좋아하거나 거부하거나 모욕당하거나 혐오하지 않는다. 이와 같이 바람을 직시하여 바람과 같은 수행을 닦는다. 바람을 직시하여 바람과 같은 수행을 닦으면 마음에 드는 감각접촉과 마음에 들지 않는 감각접촉이 일어나더라도 마음을 사로잡아 마음에 남아 있지 않게 된다. 나아가 바람에 대하여 '이것은 나의 것이 아니다, 이것은 나의 몸이 아니다, 이것은 나의 자아가 아니다'라고 있는 그대로 직시하게 된다. 이와 같이 있는 그대로 직시할 때 마음이 바람에서 벗어나고 바람으로 인해 오염되지 않은 채 바람을 선명하게 주시하게 된다.

내적 구성성분의 공간이든 외적 구성성분의 공간이든 그것은 단지 공간일 뿐이다. 공간은 깨끗한 것, 더러운 것, 똥, 오줌, 침, 고름, 피를 포용하지만 그로 인해 공간은 좋아하거나 거부하거나 모욕당하거나 혐오하지 않는다. 이와 같이 공간을 직시하여 공간과 같은 수행을 닦는다. 공간을 직시하여 공간과 같은 수행을 닦으면 마음에 드는 감각접촉과 마음에 들지 않는 감각접촉이 일어나더라도 마음을 사로잡아 마음에 남아 있지 않게 된다. 나아가 공간에 대하여 '이것은 나의 것이 아니다, 이것은 나의 몸이 아니다, 이것은 나의 자아가 아니다'라고 있는 그대로 직시하게 된다. 이와 같이 있는 그대로 직시할 때 마음이 공간에서 벗어나고 공간으로 인해 오염되지 않은 채 공간을 선명하게 주시하게 된다.

또한 성스러운 제자는 이와 같이 어떤 경우든지 오직 사띠를 확립하면서 이런 행동을 하고 오직 사띠를 확립하면서 저런 행동을 한다. '걸어가면서 걷고 있다고 선명하게 알고, 머물러 있으면서 머물러 있다고 선명하게 알고, 앉아 있으면서 앉아 있다고 선명하게 알고, 누워 있으면서 누워 있다고 선명하게 안다. 또한 나아갈 때 나아간다고 선명하게 알고, 물러날 때 물러난다고 선명하게 안다. 이와 같이 앞을 볼 때에도 뒤를 돌아볼 때에도 선명하게 알고 행한다. 몸을 구부릴 때에도 펼 때에도 선명하게 알고 행한다. 옷을 입고 벗을 때, 음식을 먹고 마시고 씹고 맛볼 때, 대변과 소변을 볼 때, 말하고 말하지 않을 때, 잠들고 잠을 깰 때, 일상생활의 다른 모든 행동을 할 때에도 선명하게 알고 행한다.'

이와 같이 오직 선명한 알아차림과 잘 확립된 사띠만 현전 現前하고 이러한 현전이 잊히지 않도록 사띠를 닦는다. 성스러운 제자가 이와 같이 게으르지 않고 열심히 스스로 독려하면서 머물면 마침내 세상에 얽힌 기억과 생각들이 사라진다. 세상에 얽힌 기억과 생각이 사라지면 마음은 고요해지고 사띠의 확립은 더욱 확고해진다.[34]

18
화합하는 법

여기 여섯 가지 기억하여야 할 법들이 있어, 동료 비구(니)들에게 호감을 주고 공경을 불러오고 도움을 주고 분쟁을 없애고 화합하고 단결하게 한다. 무엇이 그 여섯인가? ①몸의 업으로 자애를 유지하는 법 ②말의 업으로 자애를 유지하는 법 ③마음의 업으로 자애를 유지하는 법 ④자신의 발우에 담긴 음식일지라도 함께 공평하게 나누어서 수용하여야 하는 법 ⑤훼손되지 않았고 뚫어지지 않았고 오점이 없고 얼룩이 없어 청정하고 오염을 벗어나게 하고 지자들이 찬탄하고 오염이 더 이상 들러붙지 않고 선정에 도움이 되는 계를 지켜야 하는 법 ⑥성스럽고 벗어남으로 인도하고 괴로움의 소멸로 인도하는 바른 견해〔正見〕를 갖추어야 하는 법이다. 여기 비구(니)는 동료 비구(니)들이 면전에 있든 없든 그들에 대하여 몸의 업으로 자애를 유지하며, 말의 업으로 자애를 유지하며, 마음의 업으로 자애를 유지하며, 법답게 얻은 청정한 생활필수품인 탁발음식, 물들인 옷, 좌구, 의약품들을 계를 잘 지키는 동료 비구(니)들과 함께 공평하게 나누어서 수용하고 사용하며, 아무리 작은 어긋남에도 두려움을 보면서 학습하고 익힌 대로 계를 동료 비구(니)들과 함께 바르게 지키고 구족하여 머물러야 하며, 성스럽고 벗어남으로 인도하고 괴로움의 소멸로 인도하는 바른 견해를 동료 비구(니)들과 함께 갖추고 지니면서 머문다. 이것이 여섯 가지 기억하여야 할 법으로, 동료 비구(니)들에게 호감을 주고 공경을 불러오고 도움을 주고 분쟁을 없애고 화합하고 단결하게 한다.[35]

19
정견을 실천하는 자의 지혜

동료 비구(니)들에게 호감을 주고 공경을 불러오고 도움을 주고 분쟁을 없애고 화합하고 단결하게 하는 여섯 가지 기억해야 할 법들 가운데, 마치 육층으로 된 누각에서 가장 높은 육층에서 본 경관이 최상이고 포괄적이고 총체적인 것처럼, 성스럽고 벗어남으로 인도하고 괴로움의 소멸로 인도하는 바른 견해가 최상이며 다른 다섯 가지 법을 아우르므로 포괄적이고 총체적이다. 성스럽고 벗어남으로 인도하고 괴로움의 소멸로 인도하는 바른 견해는 그것을 실천하는 자를 어떻게 괴로움의 소멸로 바르게 인도하는가?

①성스럽고 벗어남으로 인도하고 괴로움의 소멸로 인도하

는 바른 견해를 실천하는 비구(니)가 일없는 곳의 적절한 범행처에서 깊이 사유한다: '바른 견해는 법과 합일되어 있는 그대로 보는 것이다. 그런데 내 마음을 사로잡아 있는 그대로 보지 못하게 하고 알지 못하게 하는 편견이나 고정관념 같은 그릇된 견해가 아직 제거되지 않은 채 내 안에 있는가?'

이렇게 깊이 사유하는 비구(니)가 만일 감각적 욕망에 사로잡혀 있으면 그의 마음은 있는 그대로 보지 못하게 하고 알지 못하게 하는 그릇된 견해가 아직 제거되지 않은 채 있는 것이다. 감각적 욕망과 마찬가지로 이렇게 깊이 사유하는 비구(니)가 만일 악의에, 해태와 혼침에, 의심에, 혹은 들뜸과 후회에 사로잡혀 있으면 그의 마음은 있는 그대로 보지 못하게 하고 알지 못하게 하는 그릇된 견해가 아직 제거되지 않은 채 있는 것이다. 이렇게 깊이 사유하는 비구(니)가 만일 이 세상에 관한 이러저러한 일들에 대하여 사색하고 몰두해 있으면 그의 마음은 있는 그대로 보지 못하게 하고 알지 못하게 하는 그릇된 견해가 아직 제거되지 않은 채 있는 것이다. 이렇게 깊이 사유하는 비구(니)가 만일 저 세상에 관한 이러저러한 이론들에 대하여 사색하고 몰두해 있으면 그의 마음은 있는 그대로 보지 못하게 하고 알지 못하게 하는 그릇된 견해가 아직 제거되지 않은 채 있는 것이다. 또한 이렇게 깊이 사유하는 비구

(니)가 만일 논쟁을 하고 말다툼을 하고 분쟁하면서 혀를 무기 삼아 서로를 찌르면 그의 마음은 있는 그대로 보지 못하게 하고 알지 못하게 하는 그릇된 견해가 아직 제거되지 않은 채 있는 것이다.

바른 견해를 실천하는 비구(니)는 이제 이와 같이 직시하고 안다: '내 마음을 사로잡아 있는 그대로 보지 못하게 하고 알지 못하게 하는 어떠한 편견이나 고정관념 같은 그릇된 견해도 모두 제거되어 내 안에 더 이상 없다. 나의 마음은 더 이상 사로잡히지 않아 있는 그대로 보고 알아 진리를 깨닫기 위해 잘 안정되어 있다.' 이것이 성스럽고 출세간적이고 범부들과 함께하지 않는 그의 첫째 지혜로서, 그를 괴로움의 소멸로 바르게 인도한다.

②성스럽고 벗어남으로 인도하고 괴로움의 소멸로 인도하는 바른 견해를 실천하는 비구(니)가 일없는 곳의 적절한 범행처에서 깊이 사유한다: '바른 견해는 법과 합일되어 있는 그대로 보는 것이다. 내가 이러한 바른 견해를 받들어 행하고 닦고 거듭하면 스스로 바른 사띠[正念]와 바른 사마디[正定]를 차례로 얻고 스스로 열반에 도달하여 머물게 되는가?'

바른 견해를 실천하는 비구(니)는 이제 이와 같이 직시하고 안다: '바른 견해는 법과 합일되어 있는 그대로 보는 것이다.

내가 이러한 바른 견해를 받들어 행하고 닦고 거듭하면 스스로 바른 사띠(正念)와 바른 사마디(正定)를 차례로 얻고 스스로 열반에 도달하여 머물게 된다.' 이것이 성스럽고 출세간적이고 범부들과 함께하지 않는 그의 둘째 지혜로서, 그를 괴로움의 소멸로 바르게 인도한다.

③성스럽고 벗어남으로 인도하고 괴로움의 소멸로 인도하는 바른 견해를 실천하는 비구(니)가 일없는 곳의 적절한 범행처에서 깊이 사유한다: '바른 견해는 법과 합일되어 있는 그대로 보는 것이다. 우리 교단 외부에 이러한 바른 견해와 동일한 견해를 가진 사문이나 브라만들이 있는가?'

바른 견해를 실천하는 비구(니)는 이제 이와 같이 직시하고 안다: '바른 견해는 법과 합일되어 있는 그대로 보는 것이다. 우리 교단 외부에 이러한 바른 견해와 동일한 견해를 가진 사문이나 브라만들은 없다. 따라서 이러한 바른 견해를 지닌 여기 동료 비구(니)들과 함께 머문다는 것은 참으로 나에게 이익이고 축복이다. 나는 여기 동료 비구(니)들을 존중하여 다투지 않고, 서로 사이좋게 화합하고, 마치 물과 우유가 잘 섞이듯이 우정 어린 눈으로 서로 보고 서로 위하면서 함께 머물러야 한다. 만약 내가 이들과 논쟁을 하고 말다툼을 하고 분쟁하면서 혀를 무기 삼아 서로를 찌른다면 그것은 나를 긴 세월 동안 불이익과 고통으로 인도할 것이다.' 이것이 성스럽고 출세간적이고 범부들과 함께하지 않는 그의 셋째 지혜로서, 그를 괴로움의 소멸로 바르게 인도한다.

④성스럽고 벗어남으로 인도하고 괴로움의 소멸로 인도하는 바른 견해를 실천하는 비구(니)가 일없는 곳의 적절한 범행처에서 깊이 사유한다: '바른 견해는 법과 합일되어 있는 그대로 보는 것이다. 그렇다면 이러한 바른 견해를 갖춘 비구(니)는 어떠한 성품을 구족하였는가? 나도 바른 견해를 갖춘 비구(니)의 성품과 동일한 성품을 구족하였는가?'

바른 견해를 실천하는 비구(니)는 이제 이와 같이 직시하고 안다: '바른 견해는 법과 합일되어 있는 그대로 보는 것이다. 이러한 바른 견해를 갖춘 비구(니)는 복권(復權)이 제정된 계를 범하더라도 지체없이 스승이나 지자들이나 동료 비구(니)들에게 알리고 드러내고 널리 공개한다. 그리하여 미래를 단속하면서 계를 지켜나간다. 이것은 마치 어리고 아무것도 모르고 아직 뒤척이지도 못하고 반듯하게 누워만 있는 갓난아이의 손이나 발이 숯불에 가까이 다가가면 지체없이 갓난아이를 끌어당기는 것과 같다. 이것이 바른 견해를 갖춘 비구(니)의 성품이다. 바른 견해를 갖춘 비구(니)처럼 나도 비록 사소한 계를 범하더라도 지체없이 스승이나 지자들이나 동료 비구(니)들에게 알리고 드러내고 널리 공개한다. 그리하여 미래를 단속하면서 계를 지켜나간다. 따라서 나도 바른 견해를 갖춘 비구(니)의 성품과 동일한 성품을 구족하였다.' 이것이 성스럽고 출세간적이고 범부들과 함께하지 않는 그의 넷째 지혜로서, 그를 괴로움의 소멸로 바르게 인도한다.

⑤성스럽고 벗어남으로 인도하고 괴로움의 소멸로 인도하는 바른 견해를 실천하는 비구(니)가 일없는 곳의 적절한 범행처에서 깊이 사유한다: '바른 견해는 법과 합일되어 있는 그대로 보는 것이다. 그렇다면 이러한 바른 견해를 갖춘 비구(니)는 어떠한 또 다른 성품을 구족하였는가? 나도 바른 견해를 갖춘 비구(니)의 또 다른 성품과 동일한 성품을 구족하였는가?'

바른 견해를 실천하는 비구(니)는 이제 이와 같이 직시하고 안다: '바른 견해는 법과 합일되어 있는 그대로 보는 것이다. 이러한 바른 견해를 갖춘 비구(니)는 동료 비구(니)들을 위하여 해야 할 크고 작은 여러 가지 일들을 열심히 하면서도 적절한 열의를 가지고 계학을 배우기 시작하고 점차 단계를 높여서 계학을 배워 익히고 마침내 계학을 완성하고자 하며, 적절한 열의를 가지고 정학을 배우기 시작하고 점차 단계를 높여서 정학을 배워 익히고 마침내 정학을 완성하고자 하며, 또한 적절한 열의를 가지고 혜학을 배우기 시작하고 점차 단계를 높여서 혜학을 배워 익히고 마침내 혜학을 완성하여 열반에 이르고자 하는 큰 뜻과 바른 목표를 품는다. 이것은 마치 어린 송아지를 거느린 어미 소가 풀을 뜯어 먹으면서도 송아지를 돌보는 것과 같다. 이것이 바른 견해를 갖춘 비구(니)의 또 다른 성품이다. 바른 견해를 갖춘 비구(니)처럼 나도 동료 비구(니)들을 위하여 해야 할 크고 작은 여러 가지 일들을 열심히 하면서도 적절한 열의를 가지고 계학과 정학과 혜학을 차례대로 배워 익히고 완성하여 열반에 이르고자 하는 큰 뜻과 바른 목표를 품는다. 따라서 나도 바른 견해를 갖춘 비구(니)의 또 다른 성품과 동일한 성품을 구족하였다.' 이것이 성스럽고 출세간적이고 범부들과 함께하지 않는 그의 다섯째 지혜로서, 그를 괴로움의 소멸로 바르게 인도한다.

⑥성스럽고 벗어남으로 인도하고 괴로움의 소멸로 인도하는 바른 견해를 실천하는 비구(니)가 일없는 곳의 적절한 범행처에서 깊이 사유한다: '바른 견해는 법과 합일되어 있는 그대로 보는 것이다. 그렇다면 이러한 바른 견해를 갖춘 비구(니)는 어떠한 힘을 구족하였는가? 나도 바른 견해를 갖춘 비구(니)의 힘과 동일한 힘을 구족하였는가?'

바른 견해를 실천하는 비구(니)는 이제 이와 같이 직시하고 안다: '바른 견해는 법과 합일되어 있는 그대로 보는 것이다.

이러한 바른 견해를 갖춘 비구(니)는 세존께서 선언하신 법과 율에 대한 깨끗한 믿음을 품어 정신을 기울이고 마음을 가다듬고 온 마음을 쏟고 귀 기울여 그 법과 율을 배운다. 이와 같이 법과 율을 잘 배워 계행을 원만히 성취하며 법으로 향상하고 유익함을 증장하고 충만함을 성취한다. 이것이 바른 견해를 갖춘 비구(니)의 힘이다. 바른 견해를 갖춘 비구(니)처럼 나도 세존께서 선언하신 법과 율에 대한 깨끗한 믿음을 품고 온 마음을 쏟아 그 법과 율을 잘 배워 계행을 원만히 성취하며 법으로 향상하고 유익함을 증장하고 충만함을 성취한다. 따라서 나도 바른 견해를 갖춘 비구(니)의 힘과 동일한 힘을 구족하였다.' 이것이 성스럽고 출세간적이고 범부들과 함께하지 않는 그의 여섯째 지혜로서, 그를 괴로움의 소멸로 바르게 인도한다.

⑦성스럽고 벗어남으로 인도하고 괴로움의 소멸로 인도하는 바른 견해를 실천하는 비구(니)가 일없는 곳의 적절한 범행처에서 깊이 사유한다: '바른 견해는 법과 합일되어 있는 그대로 보는 것이다. 그렇다면 이러한 바른 견해를 갖춘 비구(니)는 어떠한 또 다른 힘을 구족하였는가? 나도 바른 견해를 갖춘 비구(니)의 또 다른 힘과 동일한 힘을 구족하였는가?'

바른 견해를 실천하는 비구(니)는 이제 이와 같이 직시하고

안다: '바른 견해는 법과 합일되어 있는 그대로 보는 것이다. 이러한 바른 견해를 갖춘 비구(니)는 온 마음을 쏟아 세존의 법을 배울 때 그 법의 의미를 이해하고 법을 체득한다. 법을 체득할 때 환희가 생긴다. 환희할 때 희열이 생기고, 희열할 때 몸과 마음이 경안輕安하여진다. 몸과 마음이 경안할 때 행복을 느끼고, 행복할 때 선정에 든다. 이것이 바른 견해를 갖춘 비구(니)의 또 다른 힘이다. 바른 견해를 갖춘 비구(니)처럼 나도 온 마음을 쏟아 세존의 법을 배울 때 그 법의 의미를 이해하고 법을 체득한다. 법을 체득할 때 환희가 생긴다. 환희할 때 희열이 생기고, 희열할 때 몸과 마음이 경안하여진다. 몸과 마음이 경안할 때 행복을 느끼고, 행복할 때 선정에 든다. 따라서 나도 바른 견해를 갖춘 비구(니)의 또 다른 힘과 동일한 힘을 구족하였다.' 이것이 성스럽고 출세간적이고 범부들과 함께하지 않는 그의 일곱째 지혜로서, 그를 괴로움의 소멸로 바르게 인도한다.

이와 같이 일곱 가지 지혜를 갖추어 가면서 성스럽고 벗어남으로 인도하고 괴로움의 소멸로 인도하는 바른 견해를 실천하는 비구(니)의 성품과 힘은 예류과豫流果를 실현함으로써 잘 검증되며, 바른 견해의 실천을 구족하고자 하는 비구(니)는 마땅히 예류과를 갖추어 간다.[36]

20
오온을 버려라

비구(니)들이여, 그대들은 이것을 어떻게 생각하는가? ①사대四大와 사대로 이루어진 물질인 색色은 항상한가, 무상한가? 비구(니)들이 대답하였다. '무상합니다, 세존이시여.' 무상한 것은 즐거움인가, 괴로움인가? '괴로움입니다, 세존이시여.' 무상하고 괴로움이고 변하기 마련인 것을 두고 '이것은 나의 것이다, 이것은 나의 색이다, 이것은 나의 자아다'라고 여기는 것이 타당하겠는가? '그렇지 않습니다, 세존이시여. 그것은 타당하지 않나이다.'

장하구나, 비구(니)들이여. 그러므로 사대와 사대로 이루어진 물질인 색이라고 하는 것은 어떤 것이든지, 가령 몸이든 몸이 아니든, 과거의 것이든 미래의 것이든 현재의 것이든, 안의 것이든 밖의 것이든, 거친 것이든 섬세한 것이든, 저열한 것이든 수승한 것이든, 멀리 있는 것이든 가까이 있는 것이든, 그 모든 색에 대하여 '이것은 나의 것이 아니다, 이것은 나의 색이 아니다, 이것은 나의 자아가 아니다'라고 있는 그대로 선명하게 보고 알아야 한다.

비구(니)들이여, 그대들은 이것을 어떻게 생각하는가? ②괴로움, 즐거움, 괴롭지도 즐겁지도 않음의 느낌〔受〕은 항상한가, 무상한가? 비구(니)들이 대답하였다. '무상합니다, 세존이시여.' 무상한 것은 즐거움인가, 괴로움인가? '괴로움입니다, 세존이시여.' 무상하고 괴로움이고 변하기 마련인 것을 두고 '이것은 나의 것이다, 이것은 나의 느낌이다, 이것은 나의 자아다'라고 여기는 것이 타당하겠는가? '그렇지 않습니다, 세존이시여. 그것은 타당하지 않나이다.'

장하구나, 비구(니)들이여. 그러므로 괴로움, 즐거움, 괴롭지도 즐겁지도 않음의 느낌은 어떤 것이든지, 가령 과거의 것이든 미래의 것이든 현재의 것이든, 안의 것이든 밖의 것이든, 거친 것이든 섬세한 것이든, 저열한 것이든 수승한 것이든, 멀리 있는 것이든 가까이 있는 것이든, 그 모든 느낌에 대하여 '이것은 나의 것이 아니다, 이것은 나의 느낌이 아니다, 이것은 나의 자아가 아니다'라고 있는 그대로 선명하게 보고 알아야 한다.

비구(니)들이여, 그대들은 이것을 어떻게 생각하는가? ③형상화와 언어화를 통하여 옳음과 그름 등으로 분류하고 범주화하는 인식[想]은 항상한가, 무상한가? 비구(니)들이 대답하였다. '무상합니다, 세존이시여.' 무상한 것은 즐거움인가, 괴로움인가? '괴로움입니다, 세존이시여.' 무상하고 괴로움이고 변하기 마련인 것을 두고 '이것은 나의 것이다, 이것은 나의 인식이다, 이것은 나의 자아다'라고 여기는 것이 타당하겠는가? '그렇지 않습니다, 세존이시여. 그것은 타당하지 않나이다.'

장하구나, 비구(니)들이여. 그러므로 형상화와 언어화를 통하여 옳음과 그름 등으로 분류하고 범주화하는 인식은 어떤 것이든지, 가령 과거의 것이든 미래의 것이든 현재의 것이든, 안의 것이든 밖의 것이든, 거친 것이든 섬세한 것이든, 저열한 것이든 수승한 것이든, 멀리 있는 것이든 가까이 있는 것이든, 그 모든 인식에 대하여 '이것은 나의 것이 아니다, 이것은 나의 인식이 아니다, 이것은 나의 자아가 아니다'라고 있는 그대로 선명하게 보고 알아야 한다.

비구(니)들이여, 그대들은 이것을 어떻게 생각하는가? ④해야 하는 행, 하지 않아야 하는 행, 해도 되고 하지 않아도 되는 행 등의 행위(行)는 항상한가, 무상한가? 비구(니)들이 대답하였다. '무상합니다, 세존이시여.' 무상한 것은 즐거움인가, 괴로움인가? '괴로움입니다, 세존이시여.' 무상하고 괴로움이고 변하기 마련인 것을 두고 '이것은 나의 것이다, 이것은 나의 행위이다, 이것은 나의 자아다'라고 여기는 것이 타당하겠는가? '그렇지 않습니다, 세존이시여. 그것은 타당하지 않나이다.'

장하구나, 비구(니)들이여. 그러므로 해야 하는 행, 하지 않아야 하는 행, 해도 되고 하지 않아도 되는 행 등의 행위는 어떤 것이든지, 가령 과거의 것이든 미래의 것이든 현재의 것이든, 안의 것이든 밖의 것이든, 거친 것이든 섬세한 것이든, 저열한 것이든 수승한 것이든, 멀리 있는 것이든 가까이 있는 것이든, 그 모든 행위에 대하여 '이것은 나의 것이 아니다, 이것은 나의 행위가 아니다, 이것은 나의 자아가 아니다'라고 있는 그대로 선명하게 보고 알아야 한다.

비구(니)들이여, 그대들은 이것을 어떻게 생각하는가? ⑤비교하고 분별하는 의식 활동인 식識은 항상한가, 무상한가? 비구(니)들이 대답하였다. '무상합니다, 세존이시여.' 무상한 것은 즐거움인가, 괴로움인가? '괴로움입니다, 세존이시여.' 무상하고 괴로움이고 변하기 마련인 것을 두고 '이것은 나의 것이다, 이것은 나의 식이다, 이것은 나의 자아다'라고 여기는

것이 타당하겠는가? '그렇지 않습니다, 세존이시여. 그것은 타당하지 않나이다.'

 장하구나, 비구(니)들이여. 그러므로 비교하고 분별하는 의식 활동인 식은 어떤 것이든지, 가령 과거의 것이든 미래의 것이든 현재의 것이든, 안의 것이든 밖의 것이든, 거친 것이든 섬세한 것이든, 저열한 것이든 수승한 것이든, 멀리 있는 것이든 가까이 있는 것이든, 그 모든 식에 대하여 '이것은 나의 것이 아니다, 이것은 나의 식이 아니다, 이것은 나의 자아가 아니다'라고 있는 그대로 선명하게 보고 알아야 한다.

 비구(니)들이여, 이와 같이 그대들은 자기 것이 아닌 것을 버려야 한다. 그대들이 자기 것이 아닌 것을 버리면 오랜 세월 동안 이익과 행복이 있을 것이다. 무엇이 그대들의 것이 아닌가? ①사대와 사대로 이루어진 물질인 색이라고 하는 것은 그대들의 것이 아니다. 그것을 버려라. 그대들이 그것을 버리면 오랜 세월 동안 이익과 행복이 있을 것이다. 색과 마찬가지로 ②괴로움, 즐거움, 괴롭지도 즐겁지도 않음의 느낌 ③형상화와 언어화를 통하여 옳음과 그름 등으로 분류하고 범주화하는 인식 ④해야 하는 행, 하지 않아야 하는 행, 해도 되고 하지 않아도 되는 행 등의 행위 ⑤비교하고 분별하는 의식 활동인 식이라고 하는 것은 그대들의 것이 아니다. 그것들을 버려

라. 그대들이 그것들을 버리면 오랜 세월 동안 이익과 행복이 있을 것이다.

비구(니)들이여, 그대들은 이것을 어떻게 생각하는가? 어떤 사람이 여기 제따 숲에 널브러져 있는 나뭇잎이나 나뭇가지를 그가 원하는 대로 묶거나 태운다면 그대들은 그 사람이 그대 자신들을 묶거나 태운다고 생각하겠는가? '그렇지 않습니다, 세존이시여. 그 사람이 원하는 대로 묶거나 태우는 나뭇잎이나 나뭇가지는 저희들 자신도 아니고 저희들 자신에게 속한 것도 아니기 때문에 그렇게 생각하지 않습니다.' 비구(니)들이여, 여기 제따 숲에 널브러져 있는 나뭇잎이나 나뭇가지를 버리듯이 그대들의 것이 아닌 것들을 버려야 한다. 그대들이 그것들을 버리면 오랜 세월 동안 이익과 행복이 있을 것이다.

비구(니)들이여, 이와 같이 모든 색·수·상·행·식에 대하여 '이것은 나의 것이 아니다, 이것은 나의 색·수·상·행·식이 아니다, 이것은 나의 자아가 아니다'라고 있는 그대로 선명하게 보고 아는 잘 배운 성스러운 제자는 색에도 염오를 일으키고, 수에도 염오를 일으키고, 상에도 염오를 일으키고, 행에도 염오를 일으키고, 식에도 염오를 일으킨다. 이렇게 염오를 일으키면서 편견과 고집, 모든 견해, 그리고 그 모든 견해의 토대와 그 잠재성향들을 근절하기 위하여 갈애를 멸진하고,

이욕을 일으켜 탐욕을 빛바래게 하고 마침내 탐욕을 소멸하고, 유위有爲를 벗어나 열반을 증득하여 해탈한다. 이때 스스로 최상의 지혜를 실현하고 구족하여 '태어남은 다했다, 청정범행은 성취되었다, 할 일을 다 해 마쳤다, 다시는 어떠한 존재로도 돌아오지 않을 것이다'라고 보고 안다.[37]

如是我讀

부록

세존의 위없는 가르침
바르게 배우면서
독송하는
저의
선업공덕으로
불행과 괴로움
부수어 버리고
행복과 안온
생기어 누리며
무명은
사라지고
지혜는
증장하기를
지극정성
두 손 모아
세존과
세존의 가르침과
세존의 비구(니)제자들의 모임인 승가에
분향
예배 올립니다

21
두려움과 공포로부터의 보호

비구(니)들이여, 만일 그대들이 숲으로 가거나 나무 아래로 가거나 빈 집으로 가서 그곳에 머물거나 또는 어느 곳에서 어느 때라도 두려움과 공포를 느껴 털끝이 곤두선다면 그때에는 '이러한 이유로 그분께서는 ①마땅히 공양供養 받을 분 아라한阿羅漢이시며 ②위없는 진리를 바르게 두루 아는 분 정변지正遍知이시며 ③최상의 지혜와 행을 구족한 분 명행족明行足이시며 ④열반으로 잘 나아간 분 선서善逝이시며 ⑤이 세상 모든 것을 잘 아는 분 세간해世間解이시며 ⑥위없이 거룩한 분 무상사無上士이시며 ⑦모든 중생들을 잘 다스리는 분 조어장부調御丈夫이시며 ⑧하늘과 인간 세상의 스승인 분 천인사天人

師이시며 ⑨바른 깨달음을 이룬 분 부처〔佛〕이시며 ⑩세상에서 위없는 존경을 받는 분 세존世尊이시다'라고 오직 여래를 계속해서 생각하라. 비구(니)들이여, 그대들이 여래를 계속 생각하면 두려움과 공포가 사라지고 없어져 털끝이 곤두서지 않을 것이다.

비구(니)들이여, 만일 여래를 계속 생각할 수 없다면 그때에는 '이와 같은 분 세존께서 ①위없는 진리를 스스로 깨달아 최상의 지혜로 설하시며 ②최상의 지혜를 실현하고 드러내도록 설하시며 ③시작도 훌륭하고 중간도 훌륭하고 끝도 훌륭하게 법을 설하시며 ④의미와 표현을 잘 갖추어 설하시며 ⑤누구나 직접 와서 들으면 스스로 알 수 있도록 설하시며 ⑥이렇게 알 수 있을 때까지 시간이 걸리지 않도록 설하시며 ⑦향상으로 인도하도록 설하시며 ⑧지자知者들이 각자 스스로 알아갈 수 있도록 설하시며 ⑨설한 대로 실천하시고 실천한 대로 설하시며 ⑩누구든지 직접 와서 보고 들을 수 있도록 설하신 법이다'라고 오직 법을 계속해서 생각하라. 비구(니)들이여, 그대들이 법을 계속 생각하면 두려움과 공포가 사라지고 없어져 털끝이 곤두서지 않을 것이다.

비구(니)들이여, 만일 법을 계속 생각할 수 없다면 그때에는 '세존의 비구(니)제자들의 모임인 승가는 ①세존의 법에 따라 청정범행을 잘 닦으며 ②세존의 율에 따라 청정범행을 바르게 닦으며 ③열반을 향하여 참되게 청정범행을 닦으며 ④진리의 성취에 합당하게 청정범행을 닦으니, 이와 같이 청정범행을 닦는 승가에는 ⑤사향사과를 성취한 사쌍팔배가 있으며, 이와 같이 청정범행을 닦는 사쌍팔배가 있는 승가는 ⑥악업 여의는 공양 받아 마땅한 승가이며 ⑦선업 짓는 희사 받아 마땅한 승가이며 ⑧공덕 짓는 보시 받아 마땅한 승가이며 ⑨공경하는 합장 받아 마땅한 승가이니, 이러한 승가는 ⑩세상의 위없는 복밭〔福田〕이다'라고 오직 승가를 계속해서 생각하라. 비구(니)들이여, 그대들이 승가를 계속 생각하면 두려움과 공포가 사라지고 없어져 털끝이 곤두서지 않을 것이다.

그것은 무슨 까닭인가? 비구(니)들이여, 탐욕을 제거하고 성냄을 제거하고 어리석음을 제거하여 바르게 깨달은 여래는 인간과 사문과 브라만과 천신과 마라와 범천에서 어느 누구와도 비교할 수 없는 으뜸이라 어떤 중생에게도 어떤 생명에게도 어떤 존재에게도 두려워하지 않고 공포를 느끼지 않고 떨지 않고 도망치지 않고 털끝이 곤두서지 않는다. 이러한 여래를 계속 생각하면 그대들에게서 두려움과 공포가 사라지고 없어져 털끝이 곤두서지 않을 것이다.

비구(니)들이여, 탐욕과 성냄과 어리석음의 제거함으로 인도하고 바른 깨달음으로 인도하는 여래의 법은 인간과 사문과 브라만과 천신과 마라와 범천의 가르침 가운데 어느 가르침에도 비교할 수 없는 으뜸이라 어떤 중생과 어떤 생명과 어떤 존재의 가르침에도 두려워하지 않고 공포를 느끼지 않고 떨지 않고 도망치지 않고 털끝이 곤두서지 않는다. 이러한 여래의 법을 계속 생각하면 그대들에게서 두려움과 공포가 사라지고 없어져 털끝이 곤두서지 않을 것이다.

비구(니)들이여, 탐욕과 성냄과 어리석음의 제거함으로 나아가고 바른 깨달음으로 나아가는 여래의 비구(니)제자들의 모임인 승가는 인간과 사문과 브라만과 천신과 마라와 범천의 무리 가운데 어느 무리에도 비교할 수 없는 으뜸이라 어떤 중생과 어떤 생명과 어떤 존재의 무리에도 두려워하지 않고 공포를 느끼지 않고 떨지 않고 도망치지 않고 털끝이 곤두서지 않는다. 이러한 승가를 계속 생각하면 그대들에게서 두려움과 공포가 사라지고 없어져 털끝이 곤두서지 않을 것이다.

비구(니)들이여, 만일 그대들이 어느 곳에서든지 어느 때이든지 어떤 이유에서든지 두려움을 느끼거나 공포를 느끼거나 털끝이 곤두선다면 여래나 여래의 법 또는 여래의 비구(니)제자들의 모임인 승가를 계속 생각하라. 그러면 그대들에게서 두려움과 공포가 사라지고 없어져 털끝이 곤두서지 않을 것이다. 이와 같이 하였음에도 그대들에게서 두려움과 공포가 때로는 사라지고 없어지기도 하고 때로는 사라지지 않고 없어지지 않기도 하는 일은 일어나지 않는다. 이와 같이 하면 그대들에게서 두려움과 공포가 반드시 사라지고 없어질 것이다.[38]

22
허용하지 않는 육식과 허용하는 육식

비구(니)들은 세 가지 경우에는 고기음식을 먹어서는 아니 되니, 본 것, 들은 것, 의심스러운 것이 그것이다. 어떤 비구(니)가 자신에게 제공되는 고기음식을 대접하려는 사람들이 살아있는 동물을 죽이는 것을 직접 눈으로 본 경우, 직접 귀로 들은 경우, 또는 정황으로 의심되는 경우에는 그 사람들이 살아있는 동물을 죽여서 그것으로 요리한 고기음식을 먹어서는 안 된다. 비구(니)들은 이 세 가지 가운데 어느 경우에도 고기음식을 먹어서는 안 된다.

비구(니)에게 고기음식을 대접하려는 어떤 사람들이 고기음식을 준비하기 위하여 살아있는 동물을 죽이는 경우 그 사람들은 다섯 가지 이유로 많은 악업을 쌓게 된다. 여기 어떤 사람들이 비구(니)에게 고기음식을 대접하려고 한다. 그가 고기음식에 필요한 좋은 고기를 먼저 준비하여야 한다고 생각하고 '가서 그 살아있는 동물을 끌고 오너라' 하고 말할 때 그는 자신을 해치게 된다. 이것이 그가 악업을 쌓는 첫째 이유이다. 살아있는 그 동물이 목에 고삐가 채여 처절하게 울부짖으며 강제로 끌려올 때 그 사람은 정신적으로 괴로움과 고통을 경험한다. 이것이 그가 악업을 쌓는 둘째 이유이다. 그가 '그 동물을 죽여라' 하고 말할 때 그는 자신을 해치게 된다. 이것이 그가 악업을 쌓는 셋째 이유이다. 살아있는 그 동물이 칼이나 몽둥이 또는 어떤 연장으로 처참하게 도살될 때 그 사람은 정신적으로 괴로움과 고통을 경험한다. 이것이 그가 악업을 쌓는 넷째 이유이다. 이렇게 살아있는 동물을 죽여서 그것으로 요리한 고기음식은 비구(니)에게 허용되지 않는다. 허용되지 않는 고기음식을 비구(니)에게 제공할 때 그는 악업을 짓는다. 이것이 그가 악업을 쌓는 다섯째 이유이다. 비구(니)에게 고기음식을 대접하려는 어떤 사람들이 고기음식을 준비하기 위하여 살아있는 동물을 죽이는 경우 그들은 이와 같은 다섯 가지 이유로 많은 악업을 쌓게 된다.

비구(니)들은 세 가지 조건을 모두 만족할 경우에는 고기음식을 먹어도 되니, 보지 않은 것, 듣지 않은 것, 의심스럽지 않은 것이 그것이다. 어떤 비구(니)가 자신에게 제공되는 고기음식을 대접하려는 사람들이 살아있는 동물을 죽이는 것을 직접 눈으로 보지도 않았고 직접 귀로 듣지도 않았고 정황으로 의심스럽지도 않은 경우에는 그 사람들이 대접하는 고기음식을 먹어도 된다. 비구(니)들은 이 세 가지 조건을 모두 만족할 경우에는 고기음식을 먹어도 된다.

여기 어떤 비구(니)가 어떤 마을이나 성읍 근처에 있는 일없는 곳의 적절한 범행처인 숲속의 나무 아래 또는 외진 처소에서 모든 살아있는 생명의 이익을 위하여 연민하며 머문다. 이 비구(니)에게 어떤 장자나 장자의 아들이 찾아와 다음날의 공양을 청한다. 만일 비구(니)가 원한다면 그의 공양 요청에 응한다. 밤이 지나고 아침이 되어 비구(니)는 옷매무새를 가다듬고 발우를 챙기고 가사를 수(垂)하여 그 장자나 장자의 아들의 집으로 가서 마련된 자리에 앉는다. 그때 장자나 장자의 아들은 허용되는 고기음식을 대접한다. 그러나 비구(니)는 이와 같이 생각하지 않는다. '이 장자나 장자의 아들이 이렇게 맛있는 고기음식을 대접하니 참으로 장하구나. 앞으로도 이 장자나 장자의 아들이 이러한 맛있는 고기음식을 자주 대접해 주면 좋겠다.' 비구(니)에게 이러한 생각은 결코 들지 않는다. 왜

냐하면 비구(니)는 고기음식에 묶이지 않고 홀리지 않고 집착하지 않으며 재난을 보고 재난의 벗어남을 통찰하면서 고기음식을 먹기 때문이다.

  이러한 비구(니)는 살아있는 동물을 죽여서 그것으로 요리하는 맛있는 고기음식을 먹기 위하여 스스로 살아있는 동물을 죽이는 생각을 마음에 품어 자신을 해치는 생각을 하거나, 다른 사람들이 살아있는 동물을 죽이는 것을 마음에 품어 다른 사람을 해치는 생각을 하거나, 자신이 다른 사람들을 시켜 살아있는 동물을 죽이는 것을 마음에 품어 자신과 다른 사람들 양쪽을 해치는 생각을 하지 않는다. 이와 같이 여래의 가르침대로 모든 살아있는 생명의 이익을 위하여 연민하며 머무는 비구(니)는 어떠한 비난도 받을 일이 없이 고기음식을 먹는 것이다.[39]

23
정견으로 단속하고 없애는 번뇌

비구(니)들이여, 어떤 것이 정견正見으로써 단속하고 없애야 할 번뇌들인가? 비구(니)들이여, 여기 배우지 못한 범부는 성자들을 친견하지 못하고 성스러운 법에 능숙하지 못하고 성스러운 법에 인도되지 못하고, 바른 사람들을 친견하지 못하고 바른 사람들의 법에 능숙하지 못하고 바른 사람들의 법에 인도되지 못하여서, 마음에 주의를 기울여 되새겨야 할 법들을 알지 못하고, 마음에 주의를 기울여 되새기지 말아야 할 법들을 알지 못한다. 따라서 그는 마음에 주의를 기울여 되새기지 말아야 할 법들은 오히려 마음에 주의를 기울여 되새기고, 마음에 주의를 기울여 되새겨야 할 법들은 마음에 주의를 기울여 되새기지 않는다.

비구(니)들이여, 마음에 주의를 기울여 되새기지 말아야 할 법들은 무엇인가? 어떤 법들을 마음에 주의를 기울여 되새길 때 아직 일어나지 않은 감각적 욕망에 기인한 번뇌 즉 욕루欲漏가 일어나고 이미 일어난 욕루가 증가하며, 아직 일어나지 않은 존재에 기인한 번뇌 즉 유루有漏가 일어나고 이미 일어난 유루가 증가하며, 아직 일어나지 않은 무명에 기인한 번뇌 즉 무명루無明漏가 일어나고 이미 일어난 무명루가 증가한다면, 이러한 법들은 마음에 주의를 기울여 되새기지 말아야 할 법들이다. 비구(니)들이여, 마음에 주의를 기울여 되새겨야 할 법들은 무엇인가? 어떤 법들을 마음에 주의를 기울여 되새길 때 아직 일어나지 않은 욕루가 일어나지 않고 이미 일어난 욕루가 없어지며, 아직 일어나지 않은 유루가 일어나지 않고 이미 일어난 유루가 없어지며, 아직 일어나지 않은 무명루가 일어나지 않고 이미 일어난 무명루가 없어진다면, 이러한 법들은 마음에 주의를 기울여 되새겨야 할 법들이다.

마음에 주의를 기울여 되새겨야 할 법들은 마음에 주의를 기울여 되새기지 않으면서 마음에 주의를 기울여 되새기지 말아야 할 법들은 마음에 주의를 기울여 되새기기 때문에, 아직 일어나지 않은 번뇌들이 일어나고 이미 일어난 번뇌들은 증가한다. 가령 지혜 없이 마음에 주의를 기울여 이와 같이 되새긴다: '나는 과거에 존재했을까? 아니면 나는 과거에 존재하지 않았을까? 나는 과거에 무엇이었을까? 나는 과거에 누구였을까? 나는 과거에 무엇이었다가 무엇으로 변했을까? 나는 미래에 존재할까? 아니면 나는 미래에 존재하지 않을까? 나는 미래에 무엇이 될까? 나는 미래에 어떤 사람이 될까? 나는 미래에 무엇이었다가 무엇으로 변할까? 현재 나는 존재하는가? 나는 존재하지 않은가? 나는 무엇인가? 나는 누구인가? 나는 어디에서 왔는가? 나는 어디서 왔다가 어디로 가게 될 것인가?' 이와 같이 과거와 미래와 현재에 대하여 안으로 의문들을 마음에 되새긴다.

이렇게 지혜 없이 마음에 주의를 기울여 되새길 때 여섯 가지 견해 가운데 하나가 생긴다. ①'나에게 자아가 있다'라는 견해가, 혹은 ②'나에게 자아란 없다'라는 견해가, 혹은 ③'나는 자아로써 자아를 인식한다'라는 견해가, 혹은 ④'나는 자아로써 무아를 인식한다'라는 견해가, 혹은 ⑤'나는 무아로써 자아를 인식한다'라는 견해가, 혹은 ⑥'생각하고 말하고 행동하면서 여기저기서 선행과 악행의 과보를 경험하는 나의 자아는 영원불멸하여 변하지 않고 영원히 지속될 것이다'라는 견해가 진실로 확고하게 생긴다. 비구(니)들이여, 이를 일러 견해에 빠짐, 견해의 밀림, 견해의 황무지, 견해의 뒤틀림, 견해의 요동, 견해의 족쇄라 한다. 이러한 견해의 족쇄에 계박되어서 배우지 못한 범부는 태어남, 늙음과 죽음, 슬픔, 비탄, 고통, 고뇌, 절망에서 벗어나지 못하고 괴로움에서 벗어나지 못한다고 나는 말한다.

비구(니)들이여, 잘 배운 성스러운 제자는 성자들을 친견하고 성스러운 법에 능숙하고 성스러운 법에 인도되고, 바른 사람들을 친견하고 바른 사람들의 법에 능숙하고 바른 사람들의 법에 인도되어서, 마음에 주의를 기울여 되새겨야 할 법들을 알고, 마음에 주의를 기울여 되새기지 말아야 할 법들을 안다. 따라서 마음에 주의를 기울여 되새기지 말아야 할 법들은 마음에 주의를 기울여 되새기지 않고 마음에 주의를 기울여 되새겨야 할 법들은 마음에 주의를 기울여 되새긴다.

마음에 주의를 기울여 되새기지 말아야 할 법들은 마음에 주의를 기울여 되새기지 않고 마음에 주의를 기울여 되새겨야 할 법들은 마음에 주의를 기울여 되새기기 때문에, 아직 일어나지 않은 번뇌들은 일어나지 않고 이미 일어난 번뇌들은 사라진다. 가령 지혜롭게 마음에 주의를 기울여 이와 같이 되새긴다: '이것이 바로 괴로움이요, 이것이 바로 괴로움이 일어나는 바탕이요, 이것이 바로 괴로움이 일어나는 바탕이 사라지는 소멸이요, 이것이 바로 괴로움이 일어나는 바탕이 사라지는 소멸로 인도하는 길이다.' 이와 같이 지혜롭게 마음에 주의를 기울여 되새기면 다섯 가지 낮은 묶임에서 사견으로 말미암아 발생하는 의심, 유신견有身見, 계금취戒禁取의 세 가지 묶임이 제거된다. 비구(니)들이여, 이것들을 일러 정견으로써 단속하고 없애야 할 번뇌라 한다.[40]

24
네 가지 이익

여기 어떤 사람이 탐욕과 성냄과 어리석음으로 오염되어 세상의 흐름을 따라 흘러가다 세존의 위없는 가르침을 만나 배우기 시작한다. 그는 세상의 흐름을 거스르고 심오하고 수승하고 미묘하여 보기 어렵고 증득하기 어려운 세존의 정법을 듣거나 읽거나 독송하거나 암송하여 그 뜻을 사유하여 이해하고자 한다. 또한 그는 배운 대로 일상생활 가운데 틈틈이 사띠를 확립하고자 한다. 그러나 이 사람은 세상의 일들로써 얽매이고 바빠서 몸이 무너져 목숨이 다할 때까지 사향사과의 과위를 이루지 못한다. 그는 살아 있을 때 사띠를 확립하지 못하여 마지막 숨을 거두어들일 때 사띠를 놓아버리고 죽는다.

비록 성인의 과위를 이루지 못하고 범부로 생을 마치지만 이 사람이 세존의 정법을 듣거나 읽거나 독송하거나 암송하여 그 뜻을 사유하고 이해하여 세존의 정법에 가까워지고 친숙해져 간다면 그는 네 가지 이익을 기대할 수 있다. 무엇이 그 네 가지인가?

①세존의 정법을 듣거나 읽거나 독송하거나 암송하여 그 뜻을 사유하고 이해하여 세존의 정법에 가까워지고 친숙해져 가는 사람은 배운 대로 악법을 떨쳐버리고 선법을 지켜나가며, 좋은 도반이나 구법자를 일어나 맞이하고 공경하여 탁발음식과 의복과 개인거처와 의약품을 능력껏 베풀고 능력껏 보시하고 세존의 정법을 능력껏 베풀고 능력껏 보시하며, 일상생활 가운데 틈틈이 사띠를 확립한다. 이 사람은 비록 범부로 죽지만 욕계천상의 어떤 천신의 무리에 태어난다. 천신의 일원이 된 이 사람은 지극히 행복하며, 행복이 가득한 그에게 마치 깨끗한 거울에 얼굴이 잘 비추어지듯 전생에 듣거나 읽거나 독송하거나 암송하여 그 뜻을 사유하고 이해하여 가까워지고 친숙해졌던 세존의 정법이 구절마다 분명하게 드러난다. 비록 사띠의 확립은 더디게 일어나더라도, 분명하게 드러난 세존의 정법으로 이 사람은 성인의 길로 속히 나아가고 인도된다. 이것이 세존의 정법을 듣거나 읽거나 독송하거나 암

송하여 그 뜻을 사유하고 이해하여 세존의 정법에 가까워지고 친숙해져 가는 사람이 기대할 수 있는 첫째 이익이다.

②세존의 정법을 듣거나 읽거나 독송하거나 암송하여 그 뜻을 사유하고 이해하여 세존의 정법에 가까워지고 친숙해져 가는 사람은 배운 대로 악법을 떨쳐버리고 선법을 지켜나가며, 좋은 도반이나 구법자를 일어나 맞이하고 공경하여 탁발음식과 의복과 개인거처와 의약품을 능력껏 베풀고 능력껏 보시하고 세존의 정법을 능력껏 베풀고 능력껏 보시하며, 일상생활 가운데 틈틈이 사띠를 확립한다. 이 사람은 비록 범부로 죽지만 욕계천상의 어떤 천신의 무리에 태어난다. 천신의 일원이 된 이 사람은 지극히 행복하며, 행복이 가득한 그에게 전생에 듣거나 읽거나 독송하거나 암송하여 그 뜻을 사유하고 이해하여 가까워지고 친숙해졌던 세존의 정법이 드러나지 않는다. 그러나 신통을 구족한 어떤 장로 비구가 여기 천신의 회중에게 다가와 세존의 법과 율을 설한다. 세존의 법과 율을 들을 때, 마치 북소리에 친숙한 자가 큰길에서 북소리를 들을 때 의심이나 혼란 없이 북소리를 정확하게 분별하듯, 이 사람은 '이 법과 율은 전생에 내가 배우고 닦았던 바로 그 법과 율이구나!' 하고 분명하게 알아차린다. 비록 사띠의 확립은 더디게 일어나더라도, 분명하게 알아차린 세존의 정법으로 이

사람은 성인의 길로 속히 나아가고 인도된다. 이것이 세존의 정법을 듣거나 읽거나 독송하거나 암송하여 그 뜻을 사유하고 이해하여 세존의 정법에 가까워지고 친숙해져 가는 사람이 기대할 수 있는 둘째 이익이다.

　③세존의 정법을 듣거나 읽거나 독송하거나 암송하여 그 뜻을 사유하고 이해하여 세존의 정법에 가까워지고 친숙해져 가는 사람은 배운 대로 악법을 떨쳐버리고 선법을 지켜나가며, 좋은 도반이나 구법자를 일어나 맞이하고 공경하여 탁발음식과 의복과 개인거처와 의약품을 능력껏 베풀고 능력껏 보시하고 세존의 정법을 능력껏 베풀고 능력껏 보시하며, 일상생활 가운데 틈틈이 사띠를 확립한다. 이 사람은 비록 범부로 죽지만 욕계천상의 어떤 천신의 무리에 태어난다. 천신의 일원이 된 이 사람은 지극히 행복하며, 행복이 가득한 그에게 전생에 듣거나 읽거나 독송하거나 암송하여 그 뜻을 사유하고 이해하여 가까워지고 친숙해졌던 세존의 정법이 드러나지 않으며, 신통을 구족한 어떤 장로 비구가 여기 천신의 회중에게 다가와 세존의 법과 율을 설하지도 않는다. 그러나 세존의 정법을 배워 닦는 어떤 천신이 여기 천신의 회중에게 다가와 세존의 법과 율을 설한다. 세존의 법과 율을 들을 때, 마치 고둥소리에 친숙한 자가 큰길에서 고둥소리를 들을 때 의심

이나 혼란 없이 고둥소리를 정확하게 분별하듯, 이 사람은 '이 법과 율은 전생에 내가 배우고 닦았던 바로 그 법과 율이구나!' 하고 분명하게 알아차린다. 비록 사띠의 확립은 더디게 일어나더라도, 분명하게 알아차린 세존의 정법으로 이 사람은 성인의 길로 속히 나아가고 인도된다. 이것이 세존의 정법을 듣거나 읽거나 독송하거나 암송하여 그 뜻을 사유하고 이해하여 세존의 정법에 가까워지고 친숙해져 가는 사람이 기대할 수 있는 셋째 이익이다.

④세존의 정법을 듣거나 읽거나 독송하거나 암송하여 그 뜻을 사유하고 이해하여 세존의 정법에 가까워지고 친숙해져 가는 사람은 배운 대로 악법을 떨쳐버리고 선법을 지켜나가며, 좋은 도반이나 구법자를 일어나 맞이하고 공경하여 탁발음식과 의복과 개인거처와 의약품을 능력껏 베풀고 능력껏 보시하고 세존의 정법을 능력껏 베풀고 능력껏 보시하며, 일상생활 가운데 틈틈이 사띠를 확립한다. 이 사람은 비록 범부로 죽지만 욕계천상의 어떤 천신의 무리에 태어난다. 천신의 일원이 된 이 사람은 지극히 행복하며, 행복이 가득한 그에게 전생에 듣거나 읽거나 독송하거나 암송하여 그 뜻을 사유하고 이해하여 가까워지고 친숙해졌던 세존의 정법이 드러나지 않으며, 신통을 구족한 어떤 장로 비구가 여기 천신의 회중

에게 다가와 세존의 법과 율을 설하지도 않으며, 세존의 정법을 배워 닦는 어떤 천신이 여기 천신의 회중에게 다가와 세존의 법과 율을 설하지 않는다. 그러나 여기 천신의 회중에 먼저 태어난 전생의 도반이 이 사람에게 다가와 '존자여, 당신은 기억하십니까? 우리는 전생에 세존의 법과 율을 이렇게 저렇게 함께 배우고 닦지 않았습니까? 존자여, 당신은 그것을 기억하십니까?' 하고 전생의 기억을 되살리게 한다. 그러면 마치 어릴적 소꿉놀이하던 두 친구가 만나 어릴적 기억을 서로 되살리듯 이 사람은 '전생에 내가 세존의 법과 율을 이렇게 저렇게 배우고 닦았구나!' 하고 분명하게 알아차린다. 비록 사띠의 확립은 더디게 일어나더라도, 분명하게 알아차린 세존의 정법으로 이 사람은 성인의 길로 속히 나아가고 인도된다. 이것이 세존의 정법을 듣거나 읽거나 독송하거나 암송하여 그 뜻을 사유하고 이해하여 세존의 정법에 가까워지고 친숙해져 가는 사람이 기대할 수 있는 넷째 이익이다.

 이것이 세존의 정법을 듣거나 읽거나 독송하거나 암송하여 그 뜻을 사유하고 이해하여 세존의 정법에 가까워지고 친숙해져 가는 사람이 기대할 수 있는 네 가지 이익이다.[41]

25
영가를 위한 기도

○○○ 영가시여!
○○○ 영가께서는
시작도 끝도 알 수 없는
윤회의 고리 속에서
무수한 과거 생으로부터
이생까지
수많은 생을 사셨습니다.

세상에 첫울음을 터트리기도 전
어머니의 태 속에서

운명을 달리하기도 하였으며
세상에 날갯짓 펼치기도 전
혼인하지 않은 채
운명을 달리하기도 하였으며
자식 없이 외롭게 사시기도 하였으며
또는 어떤 생에서는
자식을 제대로 키우고 공부시키고자
갖은 고생으로 힘들게 사시기도 하였습니다.

다양한 삶 속에서
때로는
건강한 몸으로
원하는 바를 성취하여
행복과 성공과 칭송을
누리기도 하였으며
때로는
병고에 시달리거나
이룬 일 하나 없이
불행과 실패와 비난을
맛보기도 하였습니다.

끝없는 욕망으로 재물을 좇아
성쇠의 파도에 휩쓸리기도 하였으며
권력에 대한 욕심을 버리지 못하여
영욕의 세월을 지켜보기도 하였으며
음욕이나 화의 노예가 되어
죽음으로도 벗어나지 못하는
늪에 빠지기도 하였습니다.

영가께서는
이와 같이 많은 고락을 겪으시면서
다사다난하였던 한평생을 사셨습니다.

○○○ 영가시여!
다음 생에는
더욱 훌륭한 사람으로
태어나셔야 합니다.
훌륭한 사람으로 태어나시면
석가모니 부처님의 가르침을
열심히 공부하셔야 합니다.
그리하셔야

인간세상을 벗어나
더 나은 세상으로 나아가거나
윤회의 고리를 벗어날 수 있기 때문입니다.

다음 생에는
훌륭한 사람으로 태어나시기 위하여
이생 동안
본의 아니게
부모를 원망하기도 하고
배우자를 원망하기도 하고
형제자매를 원망하기도 하고
자식을 원망하기도 하고
다른 사람들을 원망하기도 하고
사회를 원망하기도 하고
나라와 시절을 원망하기도 하고
나아가
부모에게 화를 내기도 하고
배우자에게 화를 내기도 하고
형제자매에게 화를 내기도 하고
자식에게 화를 내기도 하고

다른 사람들에게 화를 내기도 하고
사회에 화를 내기도 하고
나라와 시절에 화를 내기도 하였던
마음을
참회하시고
그 마음을 모두 내려놓으셔야 합니다.
남을 원망하고
남에게 화를 내었던
마음을
참회하시고
그 마음을 모두 내던져
버리셔야 합니다.
반드시
그렇게 하셔야 합니다.

남을 원망하고 증오하고
남에게 화를 내었던
마음뿐만 아니라
시기하고 질투하고 인색하였던
마음 또한

참회하시고
그 마음을 모두
마음으로
지워버리셔야 합니다.

○○○ 영가시여!
어떤 사람들이
영가를
시기하고 질투하고
영가에게
인색하였다면
또는
영가를
원망하고 증오하고
영가에게
화를 내었다면
자비로 연민으로 사랑으로
그들을 용서하셔야 합니다.
그들을 모두 어여삐 여기시어
용서하시고

그들의 마음을
영가로부터
풀어 내보내셔야 합니다.

○○○ 영가시여!
반드시 그렇게 하신 뒤에
다음 생에
어디서 태어나서
어떤 모습으로 태어나서
어떠한 훌륭한 일을 하실지
깊이 생각하시고
또 생각하시고
거듭 생각하셔서
마음으로
간절하고 굳건하게
깊이 생각하시면서
석가모니 부처님의 정법을
만나 열심히 공부하겠노라고
결심하십시오.

이렇게만 하시면
아무 걱정 없습니다.
그렇게
영가의 마음으로
결심하신 대로 이루어집니다.
다른 어떠한 것도
걱정하지 않으셔도 됩니다.
어떠한 걱정도 두려움도
갖지 않으셔도 됩니다.
마음을 편안하게 평온하게 고요하게
가지셔도 됩니다.

○○○ 영가시여!
영가의 몸은
유행 지나고 묵은 때가 많이 낀
오래되고 해진 옷처럼
미련 없이 던져버리시고
영가의 집과 재물은
어릴적 소꿉장난하던 때의
흙모래와 조그마한 돌조각처럼

아낌없이 툴툴 털어버리십시오.

해지고 오래되고 묵은 때가 낀
옷을 입고
새 집에 들어갈 수 없습니다.
흙모래를 묻히고
새 집에 들어갈 수 없습니다.
그것들은
새 집과 어울리지 않고
새 집에 들어가는 데 장애가 되므로
미련 없이 아낌없이 버리십시오.

○○○ 엉가시여!
이렇게 하시는 것이
곧 세존의 가르침대로
행하시는 것입니다.
세존의 가르침대로
행하시고
세존의 가르침을 만나
공부하고자 하는

마음을 굳건히 하셨으니
세존의 정법을 수호하는
모든 세존의 제자들과
신들과 천신들과 범천들이
영가를
안내하고 지키고 보호할 것입니다.

○○○ 영가시여!
이제
고요히 눈을 감으십시오.
편안히 이생을 떠나십시오.
그리고
다음 생으로 나아가십시오.

약어
–

DN　Dīggha Nikāya《장부경전長部經典》
MN　Majjhima Nikāya《중부경전中部經典》
SN　Saṁyutta Nikāya《상응부경전相應部經典》
AN　Aṅguttara Nikāya《증지부경전增支部經典》

미주
–

1　MN26
2　MN12
3　DN6
4　DN6
5　AN5:32
6　MN26
7　SN1:41-2
8　SN3:4-5
9　SN3:21
10　AN4:67
11　SN4:5
12　MN47
13　MN95
14　AN10:11
15　DN33
16　SN45:2
17　SN46:50
18　SN45:49
19　DN2
20　SN8:5
21　AN10:11

22　DN16
23　MN8, SN7:16
24　AN5:151-3
25　AN5:154
26　AN5:155
27　AN5:156
28　AN5:159
29　SN4:5
30　MN34
31　MN39
32　AN6:31
33　DN2, DN9
34　MN10, MN62
35　MN48
36　MN48
37　MN22
38　SN11:3
39　MN55
40　MN2
41　AN4:191

195

如是我讀